KB076484

영화 비평

-이론과 실제

아모르문디 영화 총서 6

영화 비평—이론과 실제

초 판 펴낸 날 2016년 9월 5일
개정판 4쇄 펴낸 날 2024년 3월 8일

지은이 | 강성률
펴낸이 | 김삼수
편 집 | 김소라
디자인 | 최인경

펴낸곳 | 아모르문디
등 록 | 제313-2005-00087호
주 소 | 서울시 마포구 월드컵북로5길 56 401호

전 화 | 070-4114-2665 팩 스 | 0505-303-3334
이메일 | amormundi1@daum.net

ⓒ 강성률, 2016·2019 Printed in Seoul, Korea

ISBN 978-89-92448-78-9   94680
ISBN 978-89-92448-37-6(세트)
※ 이 책은 2016년도 광운대 교내연구비 지원으로 저술되었습니다.
※ 이 도서의 국립중앙도서관 출판예정도서목록(CIP)은 서지정보유통지원시스템 홈페
이지(http://seoji.nl.go.kr)와 국가자료공동목록시스템(http://www.nl.go.kr/kolisnet)
에서 이용하실 수 있습니다.

아모르문디 영화 총서·6
Amormundi Film Books

영화 비평

─이론과 실제

강성률 지음

아모르문디

'아모르문디 영화 총서'를 시작하며

영화가 탄생한 것은 1895년의 일입니다. 서구에서 영화에 대한 이론적 담론은 그로부터 한참 뒤인 1960년대에야 본격화되었습니다. 한국에서는 1980년대 후반의 일이었습니다. 대학원에 영화학과가 속속 생겨나면서 영화는 비로소 학문의 영역으로 들어왔고 연구자들에 의해 외국 서적들이 번역·소개되기 시작했습니다. 1990년대 중반까지만 해도 외국어로 된 책을 가지고 동아리 모임이나 대학원에서 함께 공부하고 토론했던 기억이 새롭습니다. 매일 선배나 동료들에게 애걸복걸하며 빌리거나 재복사를 한, 화면에 비가 내리는 비디오테이프를 두세 편씩 보고서야 잠이 들고 다른 언어로 된 이론서를 탐독하며 보냈던 시절은 어느덧 지나간 듯합니다. 이제는 구할 수 없는 영화가 없고 보지 못할 영화도 없습니다. 그럼에도 오늘 한국의 영화 담론은 어쩐지 정체되어 있는 듯합니다. 영화 담론의 장은 몇몇 사람들만의 현학적인 놀이터가 되어가고 있는 느낌입니다.

최근 한국의 영화 담론은 이론적 논거는 부실한 채 인상비평만 넘쳐나고 있습니다. 전문 영화 잡지들이 쇠퇴하는 상황에서 깊이 있는 비평과 이해는 점점 더 찾아보기 어려워지고 있습니다. 대학과 현장에서 사용하는 개론서들은 너무 오래전 이야기에 머물러 있고 절판되어 찾아보기 힘든 책들도 많습니다. 인용되고 예시되는 장면도 아주 예전 영화의 장면들입니다. 영화는 눈부신 속도로 발전하고 있는데, 그에 대한 이론적 논의는 그 속도를 따라가지 못하는 형국입니다. 물론 이론적 담론이 역동적인 영화의 발전 속도를 바로바로 따라잡기란 쉽지 않은 일입니다. 그럼에도 당대의 영화 예술에 대한 깊이 있는 이해는 비평적 접근을 통해서만 가능하다고 믿습니다. 이에 뜻을 함께하는 영화 연구자들이 모여 '아모르문디 영화 총서'를 시작하고자 합니다.

'아모르문디 영화 총서'는 작지만 큰 책을 지향합니다. 책의 무게는 가볍지만 내용은 가볍지 않은 영화에 관한 담론들이 다채롭게 펼쳐질 것입니다. 또한 영화를 이미지 없이 설명하거나 스틸 사진 한두 장으로 논의하던 종래의 방식을 벗어나 일부 장면들은 동영상을 볼 수 있도록 기획하였습니다. 예시로 제시되는 영화들도 비교적 최근의 영화들로 선택했습니다. 각 권의 주제들은 독립적이면서도 서로 연관 관계를 갖도록 설계했습니다. '아모르문디 영화 총서'는 큰 주제에서 작은 주제들로 심화되는 방향으로 구성되어 있습니다.

정체되어 있는 한국 영화 담론의 물꼬를 트고 보다 생산적인 논의들이 확장되고 발전하는 데 초석이 되었으면 하는 것이 '아모르문디 영화 총서'의 꿈입니다. 영화 담론의 발전이 궁극적으로 영화의 발전을 가져올 것이고 그 영화를 통해 우리의 삶이 더 풍요롭고 의미 있는 것이 되었으면 합니다.

기획위원 김윤아

들어가는 글

응원하는 팀은 각자 다르지만 저와 제 가족 모두 야구를 퍽이나 좋아합니다. 그래서 주말에는 가족들과 TV로 야구를 보며 스트레스를 풀곤 합니다. 야구를 볼 때 저는 해설을 열심히 듣는 편인데, 많은 해설가 가운데 특히 허구연 해설가의 해설을 좋아합니다. 제가 알지 못하는 야구에 대한 풍부한 지식이 들어간 해설을 들으면서 야구에 대해 여전히 많이 배웁니다. 언젠가 허구연 해설위원을 우연히 만난 자리에서, 어떻게 그 많은 정보를 수집하고 정리하는지 물었더니 야구를 좋아하니 가능하다고 대답하더군요. 그토록 야구를 좋아할 수 있다는 것이 놀라웠습니다. 제가 학교에서 학생들을 가르치면서 영화평론을 한다고 하자 허구연 해설위원은 재미있는 일을 하신다면서 야구 해설이나 영화 비평이나 비슷한 것 아니냐고 했습니다.

순간, 저는 뒤통수를 한 대 세게 맞은 기분이었습니다. 야구 해설과 영화 비평은 결국 같은 것이었구나, 라는 깨달음이 뒤늦게 온 것이지요. 야구 해설은 크게 보면 복잡한 야구의 룰을 설명하지만, 좁게 보면 매순간 타석에 있는 선수와 투수의 치열한 싸움에 집중합니다. 이에 비해 영화 비평은 크게 보면 영화라는 매체의 특징을 여러 이론으로 설명하면서, 좁게는 개봉 영화의 장르와 감독의 영화 세계에 대해 비평가만의 해석을 구사합니다. 야구 해설가가 특정 게임의 관전 포인트를 설명한다면, 영화평론가는 특정 영화에서 주목할 점을 해석하는 것이지요. 특정 게임을 해설가의 주관으로 해설하는 것과 특정 영화를 비평가의 주관으로 해석하는 것은 일란성쌍둥이만큼 닮아 있습니다. 야구 해설가가 야구를 더 재미있게 보는 법을 안내한다면, 영화 비평가는 영화를 더 재미있게 보는 법을 설명한다고 할 수 있을 것입니다.

그렇습니다. 영화 비평은 영화를 더 재미있게 볼 수 있도록 안내하는 것입니다. 물론 여기서 말하는 '재미'란 단순한 의미는 아닐 터이며, 적어도 영화를 더 재미있게 볼 수 있도록 노력하는 것이 영화 비평이라는 믿음에는 변함이 없습니다. 영화를 단지 대중오락으로 보는 시각도 있지만, 그것보다 조금 더 깊이 들어가 영화를 둘러싼 다양한 것들에 대해 고민하는 이들이 비평가라고 생각합니다.

최근 우연히 20년 전에 발간된 잡지를 보다가 문득 알게 된 것이 있습니다. 그 잡지에 실린, 어느 문학평론가의 신간을 홍보하는 문구에서 "엄정한 감식안, 치밀한 논리, 유려한 문장"이라는 표현을 보았습니다. 비평가가 지녀야 할 조건을 나열한 것이기도 하고, 책의 저자가 갖추고 있는 자질을 홍보하기 위한 문장이기도 할 터인데, 저에게는 비평가가 갖추어야 할 조건으로 이보다 더 적확한 말은 없어 보였습니다. 엄정한 감식

안은 비평가의 제일 덕목입니다. 정확하게 작품을 보는 눈이 없으면 비평가가 존재할 수 없다는 것은 너무도 당연한 사실이지요. 치밀한 논리 역시 빼놓을 수 없습니다. 논리 없이 어떻게 독자들을 설득할 수 있겠습니까? 유려한 문장도 반드시 비평가가 갖추어야할 덕목 중 하나입니다. 아무리 엄정한 감식안이 있고, 치밀한 논리력을 지니고 있다 하더라도, 그것을 유려한 문장으로 풀어내지 못하면 소용이 없습니다. 정말 이 3박자를 모든 갖춘 평론가가 존재할 수 있는지 의문이 들지만, 비평가가 갖추어야 할 덕목인 것은 분명합니다.

이 책은 영화 비평에 대해 저술했지만, 불행하게도 책을 읽는다고 "엄정한 감식안, 치밀한 논리, 유려한 문장"을 갖출 수 있으리라는 장담은 못합니다. 저 스스로도 이를 모두 갖추고 있다고 생각하지 않습니다. 다만 저는 꽤 긴 시간 동안 현장 비평가로서 활동하면서 쌓은 노하우를 이 책을 통해 독자들에게 전하고자 했습니다. 때문에 이 책에서는 비평이란 무엇인지 고민했고, 비평을 하기 위해서 어떤 이론적 공부를 해야 하는지 설명했으며, 마지막으로 실제 비평에서 무엇을, 어떻게 써야 하는지 제시했습니다. 이를 통해 비평이란 무엇인지, 어떻게 써야 하는지, 왜 써야 하는지 고민할 기회가 되었으면 좋겠다는 생각입니다. 제 바람은 단지 그뿐입니다.

책을 쓰면서 비평이라는 대상에 구체적이고 쉽게 접근하기 위해, 이론적 논의를 펼치기보다는 실제 비평을 예로 많이 들었습니다. 꽤나 길고 상세하게 예시를 인용한 것은 좋은 글을 많이 읽으라는 당부의 마음이기도 하고, 전체적인 글의 틀을 보게 하려는 의도도 있었습니다. 무엇보다 다양한 스타일의 글을 많이 인용하려 애썼고, 되도록 여러 비평가의 글을 인용하려고 노력했으며, 다양한 감독에 대한 비평을 인용하려고 했지만, 이 책 역시 강성률이라는 비평가의 주관이 들어 있기에 필연적으로 저자가 선호하는 감독에 대한 글, 선호하는 비평가의 글이 많이 들어갈 수밖에 없었음을 미리 밝힙니다. 판단은 독자의 몫일 겁니다.

　마지막으로 한마디만 덧붙이자면, 인용한 글 가운데 본인의 비평이 몇 있습니다. 민망함을 각오하고 그렇게 한 것은 그 글들이 좋아서가 아니라 인용할 적절한 타인의 글이 떠오르지 않았기 때문입니다. 독자분들의 헤아림을 바랍니다.

2016년 8월

월계동 연구실에서 姜聲律

차례

Ⅰ. 비평이란?

1. 나는 왜 비평가가 되었는가?

개인적인 고백으로 글을 시작할까 합니다. 지독한 시골에서 태어나 그곳에서 성장했던 제가 영화를 좋아하기 시작한 것은 시내에 있는 고등학교에 진학하고 나서였습니다. 그전에는 가끔 TV로 영화를 보기도 하고 도시에 있는 친척집에서 극장에 가보기도 했지만, 그것은 일시적인 경험에 불과했고 제대로 영화를 본 것은 극장이 있는 도시에서 살면서부터였습니다. 고등학교 1학년, 자취하면서 외로움을 달래던 그 시절, 우연히 들어간 극장에서 영화의 매력에 흠뻑 빠져들었습니다. 제가 고등학교 1학년이던 1986년은 마침 홍콩 누아르의 전설이 된 주윤발(周潤發) 주연의 〈영웅본색 英雄本色〉(오우삼(吳宇森), 1986)이 개봉한 해였습니다. 이 영화를 보고 저는 영화가 그 어떤 매체보다 매력적이라는 것을 단숨에 깨달았습니다. 그리고 매주, 정말 매주 극장을 드나들었습니다. 아마 한 주에 두 번 이상 극장에 갔었던 것 같습니다. 동시상영을 하는 그 작은 극장을 부지런히 찾은 덕분에 홍콩 누아르, 할리우드 액션 영화, 한국 영화, (가끔씩) 유럽 영화 등 실로 다양한 영화를 접할 수 있었습니다.

사무치도록 영화를 좋아했지만, 저는 대학에서 영화를 전공하지는 않았습니다. 당시까지만 해도 영화는 '딴따라'들이 하는 것이라는 인식이 무척이나 강했습니다. 한국 영화는 에로티시즘에 기댄 영화가 많았고, 한국 영화 점유율도 무척이나 낮아 고사 직전에 있었지요. 그러니 영화학과에 가서 영화를 공부하겠다는 말을 꺼내기가 쉽지 않은 분위기였습니다. 가슴속에는 영화에 대한 애정을 깊이 품고 저는 국문학과에 진학했습니다. 국문학과에 진학한 것은 글을 쓰고 싶다는 욕망이 있었기 때문입니다. 그러나 국문학을 공부하면 할수록 영화에 대한 애정은 쉽게 사라지지 않았고, 오히려 마음 깊은 곳에서는 영화에 대한 갈증이 계속 일어났습니다. 결국 저는 영화를 공부하려고 대학원에 진학했습니다. 이때 제가 선택한 분야는 영화 이론, 정확히 말하면 이론을 바탕으로 한 비평이었습니다. 당시 새롭게 등장한 젊은 평론가들이 대부분 영화를 전공한 이들이라 저 역시 자연스럽게 그렇게 했던 것입니다.

그런데 주위의 많은 분들이 저에게 묻습니다. 혹시 영화감독이 되고 싶은 욕망이 없느냐고 말이죠. 저는 단호히 이야기합니다. 감독이 되고 싶은 생각은 전혀 없다고. 저에게 영화는 처음부터 끝까지 비평의 욕망을 채워주는 대상이고, 비평만으로도 능력 부족을 절감한다고 답하곤 합니다. 상황이 이렇게 되면 많은 분들은 궁금하실 것입니다. 왜 하필 비평가가 되었는지 묻고 싶은 것이지요. 저 역시 가끔씩 자문합니다. 나는 왜 비평가가 되었는가, 라고요.

사실 요즘은 그런 고민을 더욱 자주 합니다. 아마도 비평가의 역할이 점점 줄어드는 사회적 분위기 때문일 것입니다. 비평가는 무엇을 할 수 있는가, 아니 비평가는 무엇을 해야 하는가, 수많은 비평가 가운데 나는 어떤 역할을 해야 하는가, 라는 질문보다 과연 비평가가 우리 시대에 필요한 것인지 자문하게 되는 것이지요. 돌아보면, 평론가라는 직함을 단 후 단 한 번도 '비평의 위기'라는 말을 듣지 않은 적이 없었던 것 같습니다. 그래서 이 자리에서 '영화 비평의 위기'를 거론한다고 해도 아마 주목할 사람은 아무도 없을 것입니다. 약간 엄살을 부려 '영화 비평의 죽음'이라고 하면 상황은 어떨까요? 조금이라도 주목을 받을 수 있을까요? 아무래도 그럴 것 같지 않습니다. 이제 비평이 주목 받는 시대는 지나간 것 같습니다. 영화평론가가 할 수 있는 일이 그리 많지 않은 시대가 된 것이죠. 이렇게 말하고 나니, 조금 슬퍼지네요.

영화평론가라는 타이틀로 비평을 한 지 어느새 20년 가까이 되었지만, 요즘처럼 힘 빠지는 시기는 별로 없었던 것 같습니다. 어디에 가도 비평가는 대접 받지 못합니다. 영화평론가는 겨우 신문에 짧은 단평을 쓰거나(그런 지면도 이제 대부분 기자들이 직접 씁니다), 기자가 기사를 작성할 때 짧은 멘트를 제공할 따름입니다. 방송에서의 찬밥 신세도 마찬가지입니다. 평론가의 말을 잠깐 인용할 따름이지, 더 이상 평론가가 존재할 이유는 없어 보입니다. 문학평론가처럼 긴 논의를 하려고 해도 딱히 지면이 없습니다. 이런 상황에서 영화평론가는 도대체 무엇을 해야 할까요?

그런데 이런 현상은 참으로 이상하기도 하고 아이러니컬합니다. 왜 그럴까요? 우리는 컴퓨터를 켜자마자 영화에 대한 담론을 풍성하게 접할 수 있습니다. 가령 올해 개봉한 〈곡성〉(나홍진, 2016) 같은 영화에는 그야말로 어마어마하다는 말이 맞을 정도로 많은 담론이 쏟아졌습니다. 물론 평론가보다 네티즌들이 특정 영화를 둘러싼 담론을 더 많이 토해냈지만, 많은 담론은 거의 전문가 수준의 글들로 채워졌습니다. 이렇게 담론이 풍성한데 정작 평론은 죽음을 고하다고 있다니 이상하지 않은가요? 오히려 평론가가 더 많이 등장해야 하는 것 아닐까요?

이상한 일은 또 있습니다. 전국에 영화학과나 영화 관련 학과가 존재하는 대학이 무려 50개가 넘는다고 합니다. 범위를 더 넓혀 미디어, 영상이라는 단어가 들어간 학과까지 범주에

넣는다면 150개가 넘는다지요. 당연히 이런 질문을 해볼 수 있습니다. 그 많은 학과에서 영화이론과 영화 비평은 과연 누가 가르치는가? 이렇게 수요가 많은데 왜 영화평론은 철저하게 외면당하고 있는가? 이뿐 아닙니다. 지금 존재하는, 규모 있는 국제영화제가 10개가 넘습니다. 부산국제영화제, 전주국제영화제, 부천국제판타스틱영화제, 서울국제여성영화제, 제천국제음악영화제, 서울환경영화제, DMZ국제다큐멘터리영화제 등 숱한 국제영화제가 존재하고, 또 꽤 많은 관객들이 매년 이들 영화제를 찾고 있습니다. 영화제에 가보신 분은 알겠지만, 그야말로 '축제의 마당'이지요. 이러한 영화제에 프로그램을 수급해서 관객들과 영화를 만나게 하는 일은 영화이론과 비평을 공부한 평론가들이 대부분 수행합니다. 그러니까 여전히 비평가의 역할은 크다고 할 수 있지요.

여기서 진지하게 자문해야 합니다. 이런 아이러니컬한 시대에 평론가인 나는 어떤 비평을 해야 하는가? 아니, 그 이전에 근원적인 질문부터 해야 합니다. 나는 왜 영화평론가가 되었는가? 감독이나 배우, 촬영감독, PD, 시나리오 작가, 영화정책 담당자, 영화사 직원이 아니라 왜 비평가가 되었는가? 답은 간단합니다. 단연코 비평이 저에게 가장 잘 어울리는 '영화 사랑법'이라고 생각했고, 지금도 여전히 그렇기 때문입니다.

프랑수아 트뤼포(François Roland Truffaut)라는, 지금은 작

고한, 명성 있는 프랑스 영화감독이 있었습니다. 사실 저는 그의 영화를 그리 좋아하지는 않습니다. 다시 말해 큰 감명을 받지 못했다는 말이지요. 그저 볼 만한 몇 편의 영화를 만든 감독 정도로 저에게는 기억됩니다. 그가 인정받을 수 있었던 것도 누벨바그(Nouvelle Vague)라는 영화적 흐름 한가운데 그가 존재했기 때문이라고 생각합니다. 그런 그를 여기서 거론하는 이유는, 영화를 좋아하는 이들이라면 대부분 알고 있는, 그가 남긴 유명한 말 때문입니다. "영화를 사랑하는 첫 번째 방법은 같은 영화를 두 번 보는 것이고, 두 번째 방법은 영화평을 쓰는 것이고, 세 번째 방법은 영화를 만드는 것"이라는 말이지요. 저는 이 말에서 깊은 감명을 받았습니다. 특히 영화를 사랑하는 첫째 방법이 같은 영화를 두 번 이상 보는 것이라는 말은 영화를 공부하면서 비평가를 지향하던 어린 저에게 크게 다가왔습니다. 같은 영화를 두 번 본다는 것은 그 영화를 끔찍이도 사랑한다는 반증일 것입니다. 그 영화에 대해 더 알고 싶고, 그래서 분석하고 싶은 욕망이 강하게 생겼다는 것이지요. 그러므로 트뤼포는 영화에 대해 평을 쓰는 것이 영화를 사랑하는 두 번째 방법이라고 했는데, 이 말에 절대적으로 동의합니다. 영화에 대해 글을 쓴다는 것은 특정 영화에 대해 나만의 '러브레터'를 띄우는 행위입니다. 사랑하는 연인에게 마음의 결심을 한 채 러브레터를 띄우는 것처럼 드디어 특정 영화에 대해 글을 쓰기로 결심한 것이지요. 아마도 영화에 대한 글을 써본 사람이라면 이 말에 동의하지 않을 수 없을 것입니다.

결국 어떤 영화에 대해 글을 쓴다는 것은 그 영화를 사랑하는 나만의 이유를 밝히는 작업입니다. 나만의 고백인 것이지요. 때문에 영화 감상은 연애와 비슷한 감정을 안겨줍니다. 사랑하는 연인을 만나러 갈 때 가슴이 설레듯, 좋아하는 영화를 보러 갈 때 가슴이 설렙니다. 연인과 헤어져 집에 오면 머릿속에 온통 연인 생각뿐이듯, 좋은 영화를 보고 귀가한 뒤에도 영화는 머릿속을 떠나지 않습니다. 연인을 빨리 보고 싶듯, 특정 영화를 빨리 보고 싶어 안달이 난 경험도 숱하게 있지요. 좋아하는 영화에 대해 글을 쓴다는 것은 그러므로 영화에 대한 '사랑 고백'입니다. 그것은 나만의 방식으로 영화를 사랑하는 습관이자 영화를 대하는 나만의 태도입니다. 그런 방식이 확장된 형태가 바로 영화평론가들의 글쓰기이고, 그런 방식을 직업으로 삼은 사람이 영화평론가라고 저는 생각합니다. 그러므로 기본적으로 영화평론가들은 영화애호가들입니다. 우리가 익히 들어본 씨네필(cinéphile)이라는 용어도 여기서 출발하는 것이지요. 영화를 사랑하는 이들이 그 사랑이 넘쳐 영화에 대한 글을 쓰다가 어느 순간, 그것이 그만 직업이 되어버린 경우라고 할 수 있습니다. 그래서 평론가는 영화를 극진히 사랑하는 사람이며, 왜, 어떻게 영화를 사랑하는지 기록하는 사람입니다.

따라서 영화평론에서 영화에 대한 애정이 없는 글은 낙제라고 할 수 있습니다. 지극한 애정이나 관심이 작품에 대한 분노로 나타날지라도 애정은 반드시 전제되어야 합니다. 다음 글을 볼까요.

〈춘향뎐〉은 몇십 번이고 다시 보고 싶은 영화이다. 그리고 다시 보고 또 다시 보아도 질리지 않는다. 단정적으로 이야기하는 것을 허락한다면 (나에게) 〈춘향뎐〉은 결국 한국 영화이다. 이건 마치 프랑스 영화란 결국 장 르누아르의 〈게임의 규칙〉이라고 말하는 것과 같은 의미이다. 혹은 미국 영화란 결국 존 포드의 〈역마차〉라는 것과 같은 의미이다. 또는 일본 영화란 결국 오즈 야스지로의 〈만춘〉이라는 것과 같은 의미이다.

〈춘향뎐〉은 임권택의 그 모든 정수를 한자리에 모아놓은 영화인 동시에 그 자신을 넘어서는 영화이다. (중략) 언어는 노래가 되고, 노래는 카메라의 움직임과 편집을 이끄는 길이 되며, 이야기는 화면에서 육신을 얻는다. 소리는 귀에 휘감기고, 화면은 눈앞에 구구절절이 살아난다. 그 안에서 임권택은 혼신의 힘을 기울여 우리들의 이 위대한 유산을 담기 위해 영화라는 서구의 기계장치의 고전적인 배치를 구부러뜨리고(카메라의 움직임들), 소리에 맞추어 다시 배치하고

임권택 감독의 〈춘향뎐〉(2000)

(미장센의 재구성), 굴곡을 펼치고 (소리를 따르는 편집), 다시 접은 다음(저 대담한 생략들) 한마당으로 펼쳐낸다(이야기와 소리마당). 세대에서 세대를 건너온 소리마당은 여기서 비로소 영화라는 서구 근대와 처음으로 조화를 얻어내고 화해한다.[1]

제가 영화 비평을 공부할 때 필사를 하면서까지 배우려 했던 정성일 평론가의 글입니다. 정성일은 임권택 감독의 〈춘향뎐〉을 이렇게 멋지게, 자신 있게 비평했습니다. 정성일 식으로 표현하자면, 저 자신감 넘치는 주장, 막힘없는 글귀들의 성찬, 화려하기 그지없는 대구와 비교의 수사 등도 좋았지만, 무엇보다 저는 임권택에 대한 정성일의 그 무한한 애정이 참으로 부러웠습니다. 다시 읽어봐도 임권택 감독에 대한 정성일 평론가의 애정이 무척이나 깊다는 것을 새삼 확인할 수 있습니다. 조상현 명창의 판소리를 바탕으로 영화

1) 정성일 대담, 『임권택이 임권택을 말하다2』, 현실문화연구, 2003, 408-409쪽.

작업을 한 임권택의 〈춘향뎐〉을 그는 전통과 서구의 조화라고 극찬하고 있습니다. 정성일은 〈춘향뎐〉은 명백히 한국 영화이고, 비로소 우리 영화가 만들어졌다고 평가하고 있습니다. 정성일의 이 주장을 받아들일 수도 있고 비판할 수도 있지만(그것은 다른 비평가와 독자들의 자유이지만), 한 감독의 작업을 끊임없이 따라가면서 이렇게 평가하는 것을 보면 정말 부럽습니다. 그토록 애정을 지닌 감독이 있다는 사실이 부러운 것이지요. 결국 영화 비평은 애정에서 비롯된다는 것을 다시 한 번 정성일의 글에서 배웁니다. 애정 없는 비평은 '위악에 찬 욕설'이 될 수 있다는 것도 역으로 느낍니다.

다시 본질적인 질문으로 돌아와야겠습니다. 영화평론은 왜 존재해야 할까요, 영화평론은 무엇을 해야 할까요, 영화평론은 어떤 역할을 하는 것일까요? 영화평론가의 역할을 전혀 인정하지 않는 감독을 가끔 만날 때가 있습니다. 단 5분이라도 평론가와 같이 식사조차 하기 싫다는 감독에서부터, 평론가가 왜 존재하는지 도저히 이해할 수 없다고 평론가를 앞에 두고 노골적으로 말하는 감독에 이르기까지 평론가를 무시하는 감독들이 존재합니다. 그들은 제작, 투자, 촬영, 홍보 등 다양한 방면에 종사하는 영화인들은 인정하지만 유독 평론가의 존재만 인정하지 않습니다. 심지어 어떤 이들은 영화 기자는 인정하면서 평론가는 인정하지 않기도 합니다. 도대체 평론가는 무엇을 하는 사람이기에 이토록 무시당하는 것일까요?

원론적으로 볼 때, 영화평론가가 존재하는 이유는 간단합니다. 기본적으로 평론가는 어떤 영화의 장단점을 분석해 걸작과 태작을 가리는 사람입니다. 말 그대로 평가하는 사람이지요. 또한 평론가는 작품에 대한 평가를 밑거름 삼아 특정 감독의 영화 세계를 평가하고 해석하기도 하며, 특정 장르와 결부해 장단점을 가리기도 한 뒤, 그 영화가, 그 감독의 영화 세계가 영화사(映畵史)에서 어떤 위치에 있는지 자리매김하는 사람입니다. 때문에 평론가가 없다면 걸작을 상세하게 파악할 수 없고(걸작인 이유를 알 수 없고), 특정 감독의 영화 세계를 분석할 수도 없으며, 더구나 영화 역사라는 큰 시각에서 영화를 바라볼 수도 없습니다. 결국 평론가가 필요 없다고 주장하는 감독조차 평론가의 비평에 의해 그의 영화가 평가되고 영화사에 자리하는 아이러니가 발생하는 것이지요. 이렇게만 봐도 영화평론가의 역할이 소중하다는 것을 알 수 있습니다. 각종 영화상의 심사위원을 평론가들이 맡는 것도 이 때문입니다.

평론가의 역할이 여기서 그치는 것은 물론 아닙니다. 평론가는 특정한 영화 흐름을 분석해 그 시대 분위기를 파악하기도 하고, 수익에만 치우친 영화 산업에 경종을 울리는 역할도 하며, 새로운 감독을 발굴해 그의 영화를 지지하는 이론적 토대를 만들어 나가기도 합니다. 때로는 주류 영화와는 다른, 독특한 미학을 지닌 작은 영화를 대중들에게 소개하기도 하고, 영화를 둘러싼 다양한 담론을 만들어 사회에 개입하기도 합니다. 무엇보다 평론가가 없다면 영화산업은 점점 더 삭막해질 것입니다. 이런 시각에서 볼 때 평론가에게 요구되는 첫째 요건은 '엄정한 감식안'일 것입니다. 좋은 영화인지 아닌지 가리는 눈, 장점과 단점을 한 번에 평가할 수 있는 눈, 과거 영화사와 현재 흐름을 연결할 수 있는 눈, 외국의 영화와 한국의 영화를 분별하고 비교하고 대조할 수 있는 눈 등이 필요하겠지요.

평론가의 역할을 지나치게 강조하는 것 같은데, 마지막으로 하나만 더 말할까 합니다. 많은 사람들이 오해를 하곤 합니다. 감독은 (소설의) 작가나 (미술의) 화가처럼 새로운 작품을 만드는 절대적인 지위에 있는 예술가인 반면, 평론가는 영화를 만들지는 않으면서 불평만 늘어놓거나, 전문가도 아니면서 함부로 비판하는 사람이라고 합니다. 이런 비판의 요지는 감독은 창작자지만 비평가는 창작자가 아니라 작품에 기생하는 존재라는 것이지요. '기생'이라는 표현을 쓰고 나니 마음이 답답해지네요. 영화감독이 없으면 절대 존재할 수 없는 존재가 비평가라는 인식이 감독에게도, 독자들에게도 있는 것 같습니다. 그러나 생각을 이렇게 해 보면 어떨까요? 구조주의라는 학문적 입장에 의하면, 감독은 전혀 새로운 것을 창조할 수는 없습니다. 신이 아닌 이상 단지 그는 자신이 살아온 세상에서 배우

23

고 경험한 것을 적절히 배열하고 혼합해서 작품을 만들 뿐입니다. 이 말을 다르게 하면, 감독은 자신과 깊은 관련이 있는 세상의 원재료를 모아 '영화라는 자신만의 세상'을 다시 만든 것입니다. 그러니까 그에게 영화는 세상을 바라보는 그만의 창(窓)인 것이지요. 감독의 세계관이 감독의 영화관이 되는 것도 이 때문입니다. 비평가가 감독의 영화관과 세계관을 집중적으로 비평하는 것도 이 때문이지요. 그런데 만약 제가 한 말이 맞다면, 세상을 재료로 해서 감독이 만든 영화를 비평가는 한 번 더 재료로 삼아 그만의 세상을 만드는 것은 아닐까요. 감독이 영화라는 창으로 세상을 봤다면, 비평가는 비평이라는 창으로 감독이 만든 영화를 통해 세상을 다시 보는 것이지요. 단지 한 단계만 더 들어가서 세상을 바라본다는 차이가 존재할 따름입니다. 그러니 감독이 자신의 영화를 만들듯 비평가는 자신의 비평을 쓸 뿐입니다. 감독이 영화를 사랑한다면, 비평가도 영화를 사랑합니다. 다만 그 방식이 다르다는 차이가 있습니다. 결국 비평가는 영화를 보고 글을 쓰는 사람입니다. 그 글을 통해 영화와 세상, 예술과 사회에 대해 이야기하는 사람입니다. 그래서 저는 비평가가 되었습니다.

2. 비평은 해석이고 창조다

비평가는 특정 영화를 평가하고, 이를 특정 감독의 영화 세계와 연결해 해석하거나 특정 장르에 포함해 해석하고 평가한 뒤, 영화사에 위치 지우는 사람이라고 했습니다. 이 문장을 쓰면서 벌써 '해석'이라는 말을 두 번이나 사용했습니다. 비평가란 무엇을 하는 사람일까요? 이 물음에 대한 가장 손쉬운 답은 비평가는 해석하는 사람이라는 것입니다. 비평가는 특정 작품을 해석하고, 특정 감독의 영화 세계를 해석하고, 특정 시대의 영화 흐름을 해석합니다. 여러 작품을 비교하거나 대조하면서 해석하고, 여러 감독을 비교하거나 대조해서 해석하기도 합니다. 특정 시대의 영화를 과거의 특정 시기의 영화와 비교하거나 대조해 해석하기도 합니다. 이렇게 보면, 비평가는 평가하는 사람이 아니라 해석하는 사람입니다. 왜냐하면 평가를 하려면 먼저 해석을 해야 하기 때문입니다. 해석이 없는 평가는 독선이나 독단에 다름 아닙니다. 가끔씩 해석을 하지 않고 평가만 내린 비평을 볼 때가 있습니다. 질이 낮은 비평이지요. 아니, 비평이라고 할 수도 없지요. 왜 특정 영화를 긍정적으로 평가했는지, 반대로 왜 특정 영화를 부정적으로 평가했는지 근거를 제시하려면 반드시 먼저 해석을 해야 합니다.

비평(批評)이라는 단어의 뜻을 보면 '손으로 치다'는 뜻의 비

(批)와, '잘잘못을 살피어 정하다'라는 뜻의 평(評)이 결합된 단어입니다. 그러니까 비평은 '손'으로 밀치면서 바로 받아들이지 않은 뒤, 다시 잘잘못을 살피어 '말'로 정하는 행위입니다. 이 말을 현대식으로 하면, 천천히 살피면서 생각한 뒤 손으로 글을 쓰는 것이 될 테지요. 손과 말이 비평에서 중요하다는 것을 한자어는 새삼 강조하고 있습니다. 여기서도 우리는 비평이 해석이라는 것을 알 수 있습니다. 천천히 살피면서 의견을 정하려면 생각을 해야 하는데, 그 생각이라는 것은 해석에 다름 아닙니다. 해석을 해야만 생각을 정할 수 있는 것이 비평입니다.

이제 우리는 이런 질문을 해 볼 수 있습니다. 과연 해석이란 무엇인가? 해석은 특정 작품을 자신의 생각에 맞추는 것은 아닌가? 원론적으로 봤을 때, 인간이라면 누구나 특정 영화나 특정 작품에 대해 자신만의 해석을 할 수 있지 않을까? 그렇다면 그 해석을 두고 무엇이 옳고 무엇이 그른지 어떻게 파악할 수 있을까? 아니 파악할 수 있기는 한가? 정말 어려운 문제들입니다. 이 문제가 결코 쉽지 않기 때문에 수많은 논쟁이 일어나기도 했습니다. 심지어 평론가들 사이에서도 특정 영화를 두고 논쟁을 벌이기도 하니까요. 물론 비평과 해석에 정답은 존재하지 않습니다. 만약 비평과 해석에 정답이 존재한다면 그것은 수학과 같아지는데, 예술은 결코 수학과 같을 수는 없습니다. 만약 해석이 같다면 획일화된 교육을 받았거나, 획일화된 의견만 발언할 수 있도록 통제 당했기 때문일 것입니다. 한마디로 건강한 사회라고 할 수 없는 것이지요. 비평과 해석에는 정답은 없지만 답에 가까이 다가가려는 노력이 존재합니다. 아래 글을 보시죠.

나는 해석자다. 해석자가 아니라면, 아무 것도 아니다. 해석은 기술이기 때문에 비평은 직업이 될 수 있다. 해석이란 무엇인가. 해석학(hermeneutics)이라는 명칭 안에 전령사 헤르메스(Hermes)의 이름이 섞여 있는 것은 해석이라는 행위의 본질이 전달일지도 모른다는 점을 암시한다. 그러나 해석자는 이미 완성돼 있는 것을 전달하는 것이 아니라, 작품이 잉태하고 있는 것을 끌어내면서 전달한다. 그러므로 해석은 일종의 창조다. 무에서 유를 창조할 수는 없지만, 잠재적 유에서 현실적 유를, 감각적 유에서 윤리적 유를 창조해낼 수는 있다. 원칙적으로 해석은 무한할 수 있지만, 모든 해석이 평등하게 옳은 것은 아니다. 정답과 오답이 있는 것은 아니라 할지라도, 더 좋은 해석과 덜 좋은 해석은 있다. 이를 가르는 기준은 다양할 텐데, 나에게 그것은 '생산된 인식의 깊이'다. 해석으로 생산된 인식이 심오할 때 그 해석은 거꾸로 대상 작품을 심오한 것이 되게 한다. 이런 선순환을 가능하게 하는 해석이 좋은 해석이라고 생각한다. 그런 의미에서 해석은 작품을 다시 쓰는 일이다. 작품을 '까는' 것이 아니라 '낳는' 일이다. 해석은 인식의 산파술이다.[2]

참으로 매력적인 글을 쓰고 있는, 젊은 문학평론가 신형철의 이 글은 비평가가 어떤 존재인지, 해석이 무엇인지 매우 적확하게 짚고 있습니다. 그의 말처럼, 해석은 '전달'입니다. 하지만 해석은 단지 작품이 내포하고 있는 의미만을 전달하는 것은 아닙니다. 만약 비평이 작품이 내포하고 있는 의미만을 전달하는 행위라면, 비평은 그야말로 작품에 기생하는 것이 되고 맙니다. 반대로 작품에 내재되지 않은 것을 전달하려고 해서도 안 됩니다. 그것은 명백한 허구이자 '비평가의 소설'에 불과합니다. 그래서 신형철은 비평은 작품이 잉태하고 있는 것을 해석해야 한다고 명확히 말했습니다. 비평이 창조 행위가 될 수 있는 것도 이 때문입니다. 이런 비평이 행해질 때 비평은 작품을 '까는' 것이 아니라 '낳는' 것이 됩니다. 저는 이 말에 전적으로 동의하지 않을 수 없습니다. 비평은 작품을 새롭게 낳는 작업입니다. 심지어 작가조차 모르고 있던 것을 비평가가 날카롭게 해석해 그 의미를 정확하게 짚어주기도 합니다. 그것이야말로 비평의 본령이 될 것입니다.

---

2) 신형철, 『정확한 사랑의 실험』, 마음산책, 2014, 9쪽.

신형철이 좋은 비평의 기준으로 '생산된 인식의 깊이'를 든 것은 그런 면에서 이해할 수 있습니다. 누구나 할 수 있는 비평을 해서는 좋은 비평가가 될 수 없습니다. 그렇다고 현학적인 문체로 논점을 흩뜨리는 비평을 하라는 말이 아닙니다. 그런 비평은 정말 나쁜 비평입니다. 정확한 해석을 하되 인식의 깊이가 깃든 비평을 해야 한다는 것입니다. 이런 비평이 행해질 때, 즉 "해석으로 생산된 인식이 심오할 때 그 해석은 거꾸로 대상 작품을 심오한 것이 되게" 합니다. 이제 비평은 작품에 기생하는 것이 아니라 작품을 새롭게 낳는 창조적 행위가 됩니다. 결국 좋은 비평이란 심오한 해석으로 심오한 작품이 되게 만드는 작업입니다.

이런 생각을 해봅니다. 우리가 흔히 걸작이라고 하는 소설, 음악, 미술, 영화의 공통점은 무엇일까요? 그것은 각 매체의 형식적, 스타일적 특징에 적합하면서도, 작가의 개성적이고 보편적인 세계관과 인생관이 매끄럽게 녹아 있는 작품일 것입니다. 가령 도스토옙프스키(Feder Mikhailvicho Dostoevski)의 소설이나, 샤갈(Marc Chagall)의 그림들, 차이코프스키(Nikolay Vasilyevich Chaykovsky)의 음악들, 타르코프스키(Andrei Arsenyevich Tarkovsky)의 영화들의 공통점은 무엇일까요? 심오한 내용을 각 장르 속에 무척이나 매혹적으로 다루고 있기 때문일 것입니다. 이때 심오한 내용이란 인간(성)에 대한 질긴

탐구, 사회와 세상에 대한 날선 고민, 역사와 인류 미래에 대한 부단한 고뇌, 공동체의 선과 폭력에 대한 끊임없는 탐험, 종교와 신에 대한 진지한 물음 등이 포함될 것입니다. 각 작가들은 이런 물음 위에서 자신들의 매체에 맞는 작품을 창조해 내었습니다.

그렇다면 비평은 이런 걸작에 비평가의 해석을 덧붙여 걸작을 더욱 걸작이 되게 해야 할 것입니다. 물론 걸작을 무조건적으로 칭송할 필요는 없습니다. 본인이 감동 받지 않은 작품을 타인들의 평가나 시선 때문에 긍정적으로 평가하는 것은 올바른 비평이 아니라는 것을 우리는 이미 알고 있습니다. 걸작에서 새로운 것을 해석해내는 것, 즉 걸작이 잉태하고 있는 것을 해석해 전달해 주는 것, 그래서 독자나 관객들이 인지하지 못했던 것을 깨닫도록 해주는 것이 좋은 비평일 것입니다. 말 그대로 '인식의 산파술'이 필요한 것이지요. 그렇게 하려면 비평에서 가장 중요한 것은 인식의 깊이이고, 인식의 깊이를 더해주는 방법은 공부뿐입니다. 좋은 비평가가 되려면 날카로운 눈을 가져야 하는데, 그 눈은 거저 주어지는 것이 아니라 피나는 공부를 통해 수련되는 것입니다. 예술에 대한 감만으로도 감독은 좋은 작품을 만들 수 있지만, 예술에 대한 감만으로 비평가는 좋은 비평을 절대 쓸 수 없습니다. 예술가들은 노름꾼이 되기도 하고 타락한 존재가 되어 세상을 떠돌기도 하며, 심지어 미치광이가 되어도 좋은 작품을 토해내지만, 비평가는 그렇게 해서는 안 됩니다. 비평가는 붓 가는 대로 쓰는 사람이 아니라 정밀히 읽고 해석해서 작품이 지닌 의미를 평가하는 사람입니다. 미쳐서 세상과 제대로 대결한 예술가의 작품을 냉철하게 바라보고 해석하고 평가하는 직업인 것이지요.

재미있는 것이 하나 있습니다. 왕성하게 활동하고 있는 감독들은 대부분 학사 출신인데, 비평가는 박사인 경우가 많습니다. 왜 그럴까요? 그만큼 비평가는 공부를 많이 해야 한다는 증거일 것입니다. 물론 비평가가 반드시 박사 학위를 가질 필요는 없습니다. 다만 그 정도로 많은 공부를 해야 한다는 의미로 말한 것입니다. 공부를 할 준비가 되어 있는 사람이 비평가가 될 준비가 되어 있는 사람이라고 감히 말하고 싶습니다. 비평은 공부입니다. 영화와 영화를 둘러싼 그 모든 것에 대해 진지하게 고민하고 공부해야 합니다.

3. 주관의 객관화

다시 근원적인 질문입니다. 저는 각 작가들이 창작한 작품들은 모두 작가가 해석한, 세상에 대한 성찰의 반영이라고 (할 수 있다고) 말한 바 있습니다. 이 명제 위에서 다시 이런 말을 하려 합니다. 예술 작품이 세상이라는 소재를 예술가가 특정 매체(미술, 문학, 음악, 영화 등)로 해석해 표현한 것이라면, 비평은 예술가가 해석한 텍스트를 한 번 더 해석하는 작업이라고요. 그런데 여기서 중요한 문제가 발생합니다. 이때 비평가가 하는 해석은 과연 누구의 해석일까요? 너무도 상식적인 이야기를 하니 조금은 어이가 없지요. 당연히 해석자인 비평가의 해석이겠지요. 그런데 문제는 그리 간단하지 않습니다. 왜 비평가 자신의 해석을 관객과 독자들이 읽고 수긍해야만 하는 것일까요? 즉, 비평이 단지 비평가 개인의 해석이라면, 관객과 독자들도 비평가의 해석에 기댈 필요 없이 각자의 해석으로 작품을 보고 평가하면 되는 것 아닌가요? 실제로 지금 인터넷에서 벌어지고 있는 현상도 바로 그러합니다. 수많은 네티즌들은 자신의 해석과 다른 해석을 하거나 평가를 내린 평론가의 평에 대해 불같이 화를 내며 댓글로 '응징(?)'하고 있습니다. 특히 이념적인 성향이 있는 영화들, 가령 2015년의 〈연평해전〉(김학순)이나 2016년의 〈인천상륙작전〉(이재한) 같은 영화에 대해서는, 자칭 애국주의 진영의 네티즌들이 그야말로 원색적인 비난을 쏟아 붓고 있습니다. 비평이 단지 비평가 개인의 해석이라면 비평은 존중받을 필요가 없는 것일까요?

대중문화 이론 가운데 수용자론이라는 방법이 있습니다. 쉽게 말하면, 영화나 드라마, 광고를 개인들이 어떻게 받아들이는가를 연구하는 방법론입니다. 이들의 결론에 의하면, 비평은 평론가의 개인적인 의견에 지나지 않습니다. 수용자 각 개인들은 자신이 처한 계급적, 성적, 지역적, 취향적, 교양적, 연령적, 인종적, 종교적, 국가적 위치에 맞게 영화를 선택하고, 관람 후 감동을 받거나 받아들이지 못하기도 합니다. 때문에 각자 영화를 선택할 때 각기 다른 기준으로 관람할 영화를 선택하고, 각기 다른 이유로 감동과 불쾌함을 표합니다. 너무도 당연한 이야기지요? 그러므로 평론이란 영화평론가 개인의 의견에 지나지 않게 됩니다. 디지털 시대로 바뀌면서 이런 현상은 더욱 심화되었습니다. 수많은 카페와 모임을 통해 자신들의 기호와 취향에 맞는 영화를 선호하는 경향이 눈에 띄게 늘어났다는 말입니다. 이렇게 영화평론은 이제 시대적 사명을 다하고 종말을 고해야 하는 것일까요? 단지 비평은 엘리트주의의 산물일까요?

결코 그렇지 않습니다. 만약 비평이 죽음을 고한다면 읽기의 대상이 되는 텍스트도 죽음을 고해야 합니다. 이미 이야기한 것처럼, 텍스트[3]가 작가가 해석한 1차적 산물이라면, 비평

---

3) 비평에서 텍스트(text)란 비평의 대상이 되는 것을 말한다. 이때 텍스트는 일개 작품이기도 하고, 작가의 작품 전반이 되기도 하며, 특정 현상, 심지어 특정 인물이 되기도 한다. 텍스트를 비평하다 보면 텍스트 자체를 비평하기도 하지만, 결국에는 그 안에 담긴 사회와 세상을 비평하기 때문에 텍스트에 대한 비평은 곧 확대된다.

은 1차적 산물을 텍스트로 다시 해석한 작업일 따름입니다. 이때 작가가 만든 텍스트를 관객들이 긍정적으로 평가하기도 하고 부정적으로 평가하기도 하는 것처럼, 비평가가 만든 비평이라는 텍스트를 다시 독자들이 긍정적으로 평가할 수도 있고 부정적으로 평가할 수도 있습니다. 다만 비평을 독자들이 부정적으로 읽는다고 해서 비평의 죽음을 고하는 것은 아니라는 점이 중요합니다. 그리고 모든 독자를 만족시킬 수 있는 비평은 세상에 존재하지 않는다는 사실도 인지해야 합니다. 마치 세상 모든 사람들을 감동시키는 예술이 존재할 수 없는 것과 같은 이치지요.

그럼에도 문제는 남습니다. 좋은 비평이란 무엇이고 나쁜 비평이란 무엇인지 구분하는 것입니다. 단지 많은 이들이 읽고 동의를 표한 비평은 좋은 비평이고, 많은 이들이 비판을 한 비평은 나쁜 비평일까요? 그럴 확률이 없는 것은 아니지만 반드시 그렇지만은 않습니다. 이런 비유를 할 수 있을 것 같습니다. 흥행을 많이 한 영화는 좋은 영화이고 흥행을 하지 못한 영화는 나쁜 영화라고 할 수 있을까요? 반드시 그렇지 않습니다. 대중성이라는 것은 공감대를 얻을 수 있는 잣대가 되기도 하지만, 공감대를 형성하기 위해 대중들이 쉽게 이해할 수 있는 코드를 내포하고 있기 때문에 질적인 면에서 문제가 발생하기도 합니다. 과감한 실험성이나 다소 진지한 논의의 전개 등과는 거리가 있는 것이지요. 때문에 좋은 비평과 나쁜 비평을 가리는 것은 무척이나 어렵지만, 명확한 것은 좋은 비평과 나쁜 비평은 존재할 수 있다는 것입니다.

그렇다면 비평가는 자신의 주관을 어떻게 비평으로 승화시켜야 할까요? 간단합니다. 해석하는 비평가의 '주관'을 최대한 '객관화'해서 상대에게 전달해야 합니다. 저는 분명 비평가는 작가의 작품을 소재로 비평가 자신의 이야기를 하는 것이라고 했습니다. 감독이 자신이 하고픈 이야기를 영화를 통해 하듯이 비평가도 자신이 하고픈 이야기를 비평을 통해 합니다. 이 말은 분명 맞습니다. 그런 의미에서 모든 비평은 주관을 객관화하는 작업입니다. 이 작업이 제대로 되지 않았을 때 문제가 발생해, '나만의 비평'으로 전락하고 마는 것입니다. 문제는 나만의 비평을 '우아한 객관'으로 거듭나게 해야 한다는 것입니다. 아래 글을 보시죠.

마지막 암살을 어떻게 이해해야 할까? 실제 반민특위는 친일부역자들에 의해 해체되었고 친일분자 처단은 실패했다는 것을 이미 알고 있는 관객들에게 최동훈이 한 선택은 판타지적 욕구의 만족에 지나지 않는 것일까? 그래서 현실적 상황과는 다른, 영화적 환상(현실의 퇴행) 속으로 빠져 버린 것일까? 나는 이 장면이야말로 대중영화의 미덕이자 관객들의 현실적 욕구의 반영이며, 최동훈이 대단히 명민한 감독이라는 것을 기꺼이 인정해야 하는 장면이라고 생각한다.

무죄로 풀려나온 염석진이 미치코를 따라왔다가 막다른 골목의 빈민가에서 명우에 의해 암살당한다. 영화적 상황으로 보면, 눈치 빠른 염석진이 안경을 쓴 안옥윤, 그것도 자신이 직접 암살 요원으로 선발한 그 안옥윤을 미치코로 오판할 가능성은 적다. 그러나 염석진을 처단할 안옥윤이 필요했기 때문에 미치코의 패션이 아니라 안옥윤의 패션을 한, 미치코 행세의 안옥윤이 이 장면에 등장해야 한다. 그리고 이들에 의해 염석진이 처단될 때, 총에 맞은 염석진의 육체는 나무 울타리를 벗어나 갑자기 허허벌판으로 내던져진다. 분명 연결이 자연스럽지 않지만, 이때 보이는, 바람에 펄럭이는 하얀 적삼의 풍경들. 이것은 만주에서 독립운동을 하다가 죽어간 수많은 이들의 제단 앞에, 그들의 혼이 펄럭이는 그 제단 앞에 밀정이자 그들을 팔아먹고도 전혀 뉘우치지 않고 여전히 출세가도를 달리고 있는 염석진을 제물로 바치는 제의(ritual)이다. 그렇게라도 해야만 하는 영화적 필연성은 충분히 있고, 관객의 기대를 정확히 읽어내는 최동훈의 놀라운 감식안을 이 장면에서 느낄 수 있다.

말이 길어졌다. 단언컨대, 〈암살〉은 최동훈만이 만들 수 있는 영화이다. 기존의 거대한 흥행을 기록한 천만 관객 동

최동훈 감독의 〈암살〉(2015)

원 영화를 보면 〈암살〉처럼 매끄럽지 않다. 심지어 봉준호, 윤제균, 강제규, 강우석의 영화도 그렇지 않다. 그들의 영화는 대부분 비극적 정서를 아버지의 부재와 결합해 눈물을 자아내게 만들었지만, 스타일적으로나 내용적으로 미묘하게 어긋나거나 일차원적으로 단순했다. 그러나 〈암살〉은 다르다. 물 흐르듯 자연스럽게 흘러가다가 대중들이 원하는 지점에 정확히 머문다. 때문에 〈암살〉은 새롭지는 않지만 흥미롭고 매끄러우며 무엇보다 재미있다.[4]

---

4) 강성률, 「'암살', 이건 최동훈만 만들 수 있는 완벽한 대중영화다」, 《미디어오늘》 2015-08-01. http://www.mediatoday.co.kr/news/articleView.html?idxno=124325

비평에 대한 책을 저술하면서 본인의 글을 인용하는 게 참으로 민망합니다만, 이 부분에서 제 글을 인용한 것은 잘 썼기 때문이 아니라 개인의 주관을 객관화하는 방법을 이야기하기 위함입니다. 제 글이기 때문에 그 과정을 너무도 잘 알고 있어서죠. 저는 〈암살〉(최동훈, 2015)이 예술적으로 훌륭한 영화라고는 생각하지 않습니다. 거기에는 새로운 실험적 시도도 없고 탁월한 미학적 아름다움도 존재하지 않다고 저는 생각합니다. 다만 〈암살〉은 우리 시대 대중들의 욕망을 탁월한 방식으로 다룬 영화, 그래서 우리 시대에 너무도 소중한 영화라고 생각합니다. 현대사의 가장 큰 문제 가운데 하나인 반민특위라는 소재를 판타지적 충족을 통해 그리면서 대중영화적 문법을 그 안에 잘 녹여놓았습니다. 그래서 이데올로기적 정당성과 역사적 교훈, 대중적 재미를 모두 갖춘 영화라고 생각합니다. 이런 제 생각을 글로 쓰면서 왜 〈암살〉이 좋은 영화인지 객관적으로 설명하려고 논했습니다. 단지 과거사 청산을 다루어 이슈가 되는 것이 아니라 영화적으로 어떻게 영리한 영화인지 설명하려고 했다는 것입니다. 결국 제가 한 것은 〈암살〉을 보고 느낀 제 주관을 객관화해 대중들에게 내놓은 것이지요.

비평에서 중요한 것은 비평가의 자의식과 세계관입니다. 확고한 자의식을 가지고 그 바탕에서 글을 쓰는 것인데, 글에는 결국 비평가 자신의 인생관과 세계관, 예술관이 드러날 수밖에 없습니다. 사실 비평은 참으로 어렵습니다. 확고한 자의식으로 소신껏 예술 영화를 옹호하면 대중적 기호를 전혀 인지하지 못하고 잘난 척하는 고리타분한 평론가로 숱한 비판을 받아야 하고, 대중적 기호라는 시각으로 영화를 해석하면 대중들에게 영합하는, 일반 관객들과 별 차이가 없는, 실력 없는 평론가로 인식되고 맙니다. 때문에 비평은 잘해봐야 본전도 못 건지기 일쑤입니다. 어렵게 쓰면 어렵다고 난리고, 쉽게 쓰면 쉽다고 난리죠. 도대체 어쩌란 말인가요. 이러지도 못하고 저러지도 못하는 것이 영화평론가들의 현실입니다. 영화평론가는 이런 운명을 타고난, 어쩌면 불쌍한 존재들입니다.

디지털 시대에도 그런 운명은 바뀌지 않습니다. 아니, 오히려 더 가속화되고 있죠. 네티즌이 주체가 되어 스스로 담론을 만들어가면서 비평은 점점 더 설자리를 잃고 있습니다. 이런 상황에서 영화평론은 퇴보하거나 고정되어 있었음을 고백합니다. 이제 다시 뒤돌아보며 상황을 예리하게 점검해야 할 때입니다. 과연 이 시대에 어떤 비평을 해야 할 것인가? 원론적으로는 자신의 전문 분야를 최대한 개척해서 다원화된 영화 비평이, 그런 비평을 할 수 있는 다양한 평론가가 등장해야 합니다. 여러 평론가들의 한목소리만큼 이상한 것도 그리 많지 않습니다. 그러나 더 근본적인 것은 비평가들의 자세일 것입니다. 지금 여기서 모든 영화평론가들은 자신이 왜 평론을 하고 있는지

되물어야 합니다. 자의식이 없는 비평은 존재할 이유가 없습니다. 평론가는 무엇을 하는 사람인가? 평론이란 무엇인가? 이것을 진지하게 다시 묻는 것으로부터 시작해야 합니다. 굳센 자의식을 지니고 이 물음을 던져야 합니다.

4. 디지털 시대 비평의 운명

오래된 의문이 있습니다. 왜 사람들은 영화를 보자마자 그 영화에 대해 이야기하지 못해 안달하는 것일까요? 영화를 보고 나면 대부분의 사람들은 그 영화에 대해 (모든 것을 알고 있다는 듯이) 이야기하는 것을 멈추지 않습니다. 이것이 이상한 이유는 누구도 문학작품을 읽은 후, 현대 미술을 감상한 후, 클래식 음악을 감상한 후에는 그렇게 하지 않기 때문입니다. 오히려 떠들기는커녕 조용히 곱씹으며 음미합니다. 왜 그런 것일까요? 아마도 영화가 다른 장르에 비해 이해하기 쉬운 것이라고 생각하는 모양입니다. 게다가 스타가 나오기에 쉽게 동화되어 그의 심리를 비롯해 (영화 내용은 물론) 모든 것을 알고 있는 듯 착각하기 쉬운 것도 이유 중 하나일 테지요.

저는 지금 '착각'이라는 단어를 사용했습니다. 그렇습니다. 그것은 분명 착각입니다. (그 영화의 감독이 아니라면) 어느 누구도 방금 본 영화의 처음부터 끝까지 기억할 수는 없습니다. 자신이 기억하고 싶은 장면만 기억할 뿐이지만, 모든 것을 기억하고 있다고 착각합니다. 때문에 마음대로 재단하는 것이 가능해지는 것이죠. 그런 자신감이 문학에는, 음악에는, 미술에는 없지만 영화에는 있습니다. 이것은 영화의 축복인가요, 저주인가요? 축복이라면 그만큼 많은 이들이 영화를 보는 이유를 설명할 수 있을 것이고, 저주라면 왜 사람들이 영화는 보면서도 비평은 읽지 않는지 이해할 수 있을 것입니다.

영화사(映畵史) 전체를 놓고 본다면 영화 비평은 그리 즐겨 읽히는 것이 아니었습니다. 하지만 이렇게 말하면 1990년대 이후 지난 20년간의 영화 비평의 흥망성쇠를 어떻게 설명할 수 있을까요? 분명 1990년대 초중반에 일어나서 2000년대 초반까지 이어졌던 영화 비평의 전성기가 존재했던 건 사실인데 말이지요. 한 영화 주간지가 10만 부의 판매고를 기록했고, 그래서 영화 주간지가 세 개가 되었으며, 월간지도 세 개나 동시에 존재했던 시절이 분명 있었습니다. 일간지의 많은 지면을 영화 비평가의 글로 메웠으며 방송에서도 수시로 비평가가 등장해 영화에 대한 지식을 전수하기에 바빴던 시절이 분명 존재했습니다. 그러나 긴 시간의 흐름 속에서 보면, 오히려 그런 시절이 예외의 기간이라고 할 수 있습니다. 영화 비평이 일찍부터 존재한 것은 사실이지만 그것은 비평에 관심이 있었던 이들의 전

유물이었고, 범위를 넓혀도 약간의 '먹물'을 먹은 이들이 찾았던, 극히 제한된 영역의 산물이었습니다. 거시적 변혁 운동이 사라진 자리에 미시적 문화 운동의 대명사처럼 영화가 등장하고, 이후 숱한 학문의 집합체로 영화 비평이 화려하게, 그러나 서구에 비해서는 매우 늦게 등장하면서 1990년대 초반부터 몇 년 동안 바람이 거세게 불었을 뿐입니다. 어떻게 보면 이 역시 서구의 흐름을 뒤늦게 받아들인 결과였다고 할 수 있습니다.

그러나 다시 생각해 보면 이렇게만 정리하기에는 문제가 있습니다. 이런 시각은 비평가의 자의적인 해석에 그칠 우려가 크기 때문입니다. 복잡한 현대사회에서는 절대로 하나의 현상이 하나의 원인 때문에 발생하지는 않습니다. 영화 비평이 힘을 잃은 이유 중에 많은 이들이 지적하는 것 가운데 하나가 아날로그 시대에서 디지털 시대로 환경이 변했기 때문이라는 것입니다. 비유하자면 인터넷으로 정보를 접하는 젊은 세대들이 늘어나면서 종이신문이 예전의 위력을 잃은 것과 같은 이치라고 할 수 있겠죠. 물론 맞는 말입니다. 예전의 종이신문을 보던 '일방향의 독자' 시대에서 이제는 자신의 의견을 개진하는 '쌍방향의 네티즌' 시대가 된 것이죠. 게다가 네티즌 가운데에는 영화에 대한 전문적인 지식이 있거나 상당한 예술적, 인문학적 지식으로 영화를 해석하는 이들이 자신의 블로그와 미니 홈피를 통해 영화에 대한 명민하고 예리한 분석을 내놓아 네티즌들의 사랑과 관심을 받는 경우도 많습니다. 특정 장르 마니아들은 마치 경전처럼 특정 영화를 논의하면서 치밀하고도 깊이 있는 이야기를 나눕니다. 이들에 비하면 영화 비평가들의 비평은 고루하거나 깊이 없는 글로 보이기 십상입니다(그리고 이것은 현실이 되었습니다). 게다가 디지털 세대는 영화를 보는 것은 즐기지만 영화에 대한 진지한 글을 읽는 것은 그리 즐기지 않습니다. 영화홍보사에서 비평가의 평에 의지하기보다는 네티즌들의 입소문과 그들의 별점에 더 예민한 것도 이 때문입니다. 이제 비평가가 할 수 있는 일은 별로 없는 시대가 된 것인가요?

아닙니다. 환경이 변한다고 비평이 쉽게 사라지지는 않을 것입니다. 오히려 저는 비평가들은 디지털이라는 환경을 이용할 필요가 있다고 봅니다. 디지털이라는 환경을 잘만 활용하면 오히려 단점이 장점이 될 수도 있습니다. 가령 인터넷의 세계에서는 특정 영화에 대한 거의 모든 글을 읽을 수 있습니다. 과거에 썼던 글도 그대로 남아 있습니다. 종이신문은 직접 찾아서 스크랩을 하거나 복사를 해야 하지만, 인터넷은 그럴 필요가 없습니다. 때문에 한 번 써놓은 글은 언제든지 쉽게 독자들과 만날 수 있습니다. 게다가 그 가운데 잘 썼다고 생각되는 글은 네티즌들에 의해 삽시간에 '퍼날라집니다'. 그래서 오히려 비평과 독자의 만남이 더 유용해진 면이 분명 존재합니다. 물론 이런 글들은 대부분 분량이 얼마 되지 않고 학술적이지도 않지만, 단문을 통해 핵심을 짚는 인상비평도 영화 비평에서 중요한 것은 부정할 수 없습니다. 아마도 이런 비평은 더욱 발전할 것입니다.

다음으로 (디지털의 이런 환경과는 반대로) 영화를 중심에 두는, 제대로 된 깊이 있는 영화 비평을 해야 한다고 생각합니다. 영화 비평이 불신받게 된 이유 가운데 하나로 (영화에 대한 글을 쓰는) 파워 블로거들이 많이 등장한 것도 꼽을 수 있습니다. 그러나 그들의 글은 한계를 지니고 있습니다. 특정 장르 마니아들은 그야말로 특정 장르, 그것도 특정 시기의 영화만 좋아하고 그 범위를 벗어나면 곧 지식의 한계를 드러내고 맙니다. 파워블로거들 역시 자신들의 인문학적 지식에 기댄 글을 쓰고 있어 영화 자체에 대한 심도 있는 분석과 해석에는 이르지 못하는 경우가 많습니다. 이 부분에서 시사하는 것이 있습니다. 2010년에 발간한, 명성 있는 비평가 정성일의 비평집이 이례적으로 많은 판매고를 기록했다는 사실입니다. 이미 발표한 글을 모은 것이고, 그것도 인터넷에서 충분히 읽을 수 있는 글임에도, 더군다나 현학적이기로 유명한 그의 글임에도 많은 판매고를 올린 것은 그만이 쓸 수 있는 글, 즉 영화에 대한 박학한 지식과 한없는 애정, 영화이론과 영화사에 대한 폭넓은 지식, 영화테크닉에 대한 철학적 · 미학적 사유, 작가주의에 대한 깊은 이해, 동시대 영화 흐름에 대한 지적 고민 등이 풍부하게 녹아 있기 때문일 것입니다. 감히 정성일이 아닌 다른 이에게서는 도저히 감흥을 받을 수 없는 글들이 그의 비평집에 모여 있기 때문일 겁니다. 그는 영화 자체만 이야기하지 다른 것을 이야기하지 않습니다.

5. 비평이 사는 길

비평이 죽었다고 하지만, 비평은 죽지 않았습니다. 그럼에도 비평이 위기인 것은 사실입니다. 그렇다면 비평이 살 수 있는 길은 무엇일까요? 여러 요인이 있겠지만, 먼저 저는 아마추어들은 도저히 쓸 수 없는, 그야말로 비평가라는 전문가만이 쓸 수 있는 세련된 비평을 해야 한다고 생각합니다. 좋은 영화 비평가가 된다는 것은 참으로 어려운 일입니다. 영화 자체가 복합적인 예술 매체이기 때문에 그만큼의 다양한 공부가 필요합니다. 게다가 문학비평처럼 국내의 작품만 공부해야 하는 것이 아니라 전 세계의 영화를 대상으로 비평하기 때문에 더욱 그러합니다. 풍부한 공부와 풍성한 감성으로 날카롭게 문제를 짚어내는 사람이 비평가입니다. 그런 사람만이 좋은 비평가가 될 수 있습니다. 그런데 요즘 비평가들의 글을 보면, 너무나 안이한 글들이 많습니다. 심지어 기본적인 글쓰기 연습이 제대로 안 된 비평도 아주 가끔 봅니다. 내용이 전문적이지 않은 비평도 많습니다. 웬만한 네티즌들의 글보다도 못한 글들을 비평가라는 직함을 내걸고 쓴 경우를 접하기도 합니다. 방송에서도 일반 시청자들조차 뻔히 알고 있는 내용이나 되풀이하는 것을 보게 됩니다. 그런 상황에서 비평이 인정받기를 바라는 것은 무리입니다.

여기서 한 가지 제안을 하고자 합니다. 비평의 대중성을 지나치게 강조해서는 안 된다는 것입니다. 영화만큼 대중성을 강조하는 분야도 드뭅니다. 미술, 문학, 음악, 연극 어느 분야도 영화만큼 대중성을 강조하지는 않습니다. 그러나 영화는 산업이라는 태생적 한계 때문에 대중성을 지나치게 강조합니다. 여기서 우리는 영화 산업의 대중성, 영화 매체의 대중성과 영화 비평의 대중성을 혼동해서는 안 될 것입니다. 영화라는 매체가 대중성을 지니고 있다고 영화 비평이 대중성을 획득하기 위해 질적 저하를 초래할 필요는 없습니다. 오히려 비평은 정반대의 길을 가야 합니다. 그것이 비평의 길입니다. 그러나 가벼운 글들이 난무하면서 실력이 되지 않는 이들이 비평가의 직함을 걸고 글을 발표하는 현상이 벌어지고 있습니다. 게다가 일간지의 글들은 대부분 원고지 7~8매의 글이기 때문에 더욱 가벼워지고 있습니다. 마침내 독자들은 비평가들의 실력을 의심하게 되었습니다. 때문에 비평가는 많은데 읽을 만한 비평은 없다거나, 비평가는 많은데 마땅히 청탁할 만한 비평가는 없다는 이야기가 나오게 된 것입니다.

결국 문제는 비평가들 내부에 있습니다. 발전이 없으니 독자들이 떠나는 것입니다. 성실하게 자신의 길을 가는 비평가도 그리 많지 않습니다. 전업 비평가로 활동할 수 없어 다른 일을 하는 이들도 있고, 학교에 자리를 잡으면서 저절로 현장 비평과 멀어진 경우도 있습니다. 중요한 것은 그들의 비평이 성장하지 않았고, 그들의 뒤를 이을 비평가 역시 성장을 하지 못하고 있다는 점입니다. 여기서 뒤돌아봅니다. 그동안 비평가들이 치열하게 논쟁한 적이 몇 번이나 있었던가요? 몸을 사리면서 각자의 섹트에 갇혀 있지 않았던가요? 그러면서 이제 영화 비평은 죽었다고, 아무리 고생을 해도 독자들이 알아주지 않는다고 하소연해 봐도 아무런 소용이 없습니다. 저 역시 영화 비평가로 살아가는 것이 얼마나 고단한 일인지 충분히 알고 있지만, 작금의 사태를 부른 장본인은 비평가들 자신이라는 것을 알아야 합니다. 지금처럼 각자 섹트를 나누어(이념적 섹트도 아니고, 학문적 섹트도 아니면서 섹트로 나뉘어 있는 것도 이해하기 어렵습니다) 안주해서는 아무것도 얻을 수 없습니다. 결국 지금 비평가들이 불신을 받는 가장 큰 이유는 비평가가 비평가의 역할을 하지 못했기 때문입니다. 그것이 시간을 두고 쌓여서 지금의

'비평가 불신의 시대'가 된 것이죠. 문제 해결 방법은 간단합니다. 내공을 쌓아 열심히 활동해서 비평이 발전해가는 것을 보여주어야 합니다. 정확하게 영화의 핵심을 짚는 비평, 서로의 의견을 두고 치열하게 논쟁하는 비평, 영화와 함께 성장해가는 비평이 등장해야 지금의 위기를 넘을 수 있습니다.

다음으로, 비평가들이 무시당하는 이유 가운데 하나는 비평가 각자의 고유 영역이 없기 때문입니다. 앞에서 언급한 것처럼 영화 비평가처럼 어려운 직업도 없다고 생각합니다. 너무나 많은 지식을 갖추어야 하기 때문이죠. 그런데 사람의 능력에는 한계가 명확하게 존재합니다. 이런 한계에도 불구하고 가시적인 활동만 하려다 보니 깊이 없는 비평이 양산되게 되고, 결국 독자들이 떠나게 된 것이죠. 이 문제를 해결하려면 비평가 각자가 고유한 영역을 구축해야 합니다. 가령 이런 식입니다. 국문학과를 졸업한 제가 영화과 대학원에 입학해 놀란 것 가운데 하나는 영화학과에 전공의 구별이 미비하다는 것이었습니다. 국문학은 현대 시, 현대 소설, 고전 시, 고전 소설, 이론 비평, 국어학 등등 전공이 세분화되어서 전공에 따라 학생을 뽑습니다. 당연히 교수도 전공별로 존재합니다. 그런데 국내의 영화과 대학원은 그렇지 않습니다. 어떤 분야의 공부를 하든 영화 이론이라는 하나의 섹션 안에서 선발합니다. 문제는 그것을 가르치는 교수들 역시 모든 것을 다 포괄해야 한다는 것입니다.

영화이론, 영화 비평, 영화미학, 한국영화사, 세계영화사, 장르론, 작가론, 영화 산업, 영화 정책 등 모든 분야를 두루 섭렵해서 학생들을 가르쳐야 한다는 것입니다. 더욱 이상한 것은 논문을 지도하는 교수도 모든 분야의 논문을 지도하고 있다는 사실입니다. 영화학과 교수들은 진정 '지식의 신'이란 말인가요? 자신도 모르는 것을 심사한다는 것은 말이 되지 않습니다. 그런데 어떤 교수도 이런 사실을 부끄러워하지 않습니다. 비평가가 몰락하게 된 가장 큰 원인은 이와 밀접한 관련이 있다고 봅니다.

각 비평가마다 전문 분야가 있어야 합니다. 저는 지금 너무도 당연한 주장을 하고 있지만, 현재 영화학과는 그렇지 못합니다. 한 분야에 대한 대충의 지식을 섭렵한 후 이 허술한 것으로 다방면에서 학생들을 지도하고 있습니다. 네티즌들은 한 분야에만 빠져들어 깊이 있는 마니아 문화를 만들고 있는데, 비평가들은 얇디얇은 지식으로 비평을 하고 있으니 그 비평이 인정받을 수 있겠습니까? 자신들이 좋아하는 특정 장르의 영화를 수십 번씩 보고, 심지어 영화의 숱한 뒷이야기와 공식 리뷰를 접하는 네티즌들이 동감할 수 있는 비평을 지금의 구조 속에서 비평가들이 생산할 수 있을까요? 물론 모든 교수가 비평가인 것은 아니지만, 지금의 구조 속에서는 이론을 가르치는 교수는 많은 부분 비평가를 겸하고 있으니 문제입니다.

이 문제를 해결하는 길 역시 의외로 간단합니다. 각자 전문 분야를 갖추는 것입니다. 문어발식 비평을 지양하고 자신이 가장 잘할 수 있는 분야부터 밀도 있게 공부한 뒤 시야를 서서히 넓혀가는 것입니다. 자신이 제대로 공부하지 않은 분야에 대해서는 감히 비평하지 않는 자세, 공부가 되지 않은 사람이 비평을 하면 동료 비평가가 과감히 메타 비평을 가하는 자세가 필요합니다. 그래서 영화 비평이 참으로 어려운 분야라는 것을 인식하도록 해야 합니다. 더 열심히 공부할 수 있도록 자극을 주어야 합니다. 페미니즘의 시각에서 영화를 보는 사람이 페미니스트 사회학자보다 더 정확하고 날카롭게 영화를 봐야 하는데, 실상은 그런 것 같지도 않습니다. 역사를 다룬 영화를 역사학자보다 날카롭게 비평하는 비평가도 흔치 않습니다. 동구권 영화를 동구권 문학을 공부한 문학 연구자보다 정확하게 비평하는 비평가를 보지 못한 것 같습니다. 그럼에도 버젓이 비평가라는 전문가의 직함을 내걸고 비평을 하고 있습니다(이 점에서는 저도 예외가 아닙니다. 고로 이것은 부끄러운 고백입니다). 문제는 여기서 발생합니다. 비평가는 전문가인데, 그들의 작업은 전문적이지 않은 아이러니가 발생하는 것이죠.

비평가들은 자신의 전문 분야를 만들어야 합니다. 네티즌 가운데에는 엄청나게 공부를 많이 한 이들이 존재합니다. 어떻게 보면, 영화 비평가 역시 다른 분야에서는 한 명의 네티즌일 뿐입니다. 특정 분야에서 네티즌은 결코 비평가들에게 뒤지지 않습니다. 이것을 인정하고 자신의 전공 분야에만 집중해야 합니다. 그래서 제대로 된 전문가가 되어야 합니다. 다양한 분야의 다양한 비평가가 서로 조화를 이루면서 비평을 발전시키는 비평계가 되어야 합니다.

　마지막으로, 비평가들이 무시당하는 이유 가운데 하나는 비평가들이 쉽게 영합하기 때문인데, 이것은 참으로 심각한 문제라고 하지 않을 수 없습니다. 여기서 말하는 영합은 여러 종류를 포괄합니다. 일부 비평가들은 산업에 영합하기도 하고, 친분 있는 감독과 영합하기도 하며, 대중과 영합하기도 합니다. 어찌 생각해 보면, 비평가들의 영합이 이해되는 면도 있기는 하지만, 그렇기에 문제의 심각성이 더 큽니다. 간단히 이야기하면, 영화는 산업입니다. 산업이라는 말은 이윤을 남겨야 차기작을 제작할 수 있다는 말과 동의어입니다. 이윤을 남기지 못하더라도 최소한 본전은 건져야 차기작을 제작할 수 있습니다. 흥행에 실패하면 제작사는 물론 감독과 배우 역시 엄청난 타격을 받게 됩니다. 이런 사정을 알고 있는 비평가들이 작품성에 문제가 있더라도 옹호하는 경향이 있습니다. 혹시 영화가 흥행에 실패하면 한국 영화산업 전반의 위기가 오지 않을까 하는 생각이 들어 옹호하는 경우도 있습니다. 때로는 조금의 싹이라도 보이면 죽이기보다는 키워주는 것이 비평가의 도리라고 생각하기도 합니다.

그러나 비평가는 해석하는 사람입니다. 비평가가 산업만 걱정할 필요는 없습니다. 산업을 걱정하면서 영합하는 자세야말로 한국 영화와 영화 비평을 모두 죽이는 결과를 낳고 맙니다. 작품적으로 완성도 떨어지는 영화를, 자신의 영화적 취향과도 그리 맞지 않는 영화를 단지 다른 요인에 의해 지지한다면 그것은 비평가로서의 도리를 다하지 못하는 것은 물론이고, 오히려 독자들과 비평가의 거리를 멀게 하고 말 것입니다. 완성도가 낮지만 비평가가 옹호한 작품을 관객들이 보고 실망했을 때, 한국 영화계 전체가 불신을 당하게 됩니다. 오해의 소지가 있어 논하자면, 산업의 입장에서 비평을 하지 말라는 이야기가 아니라 자신의 주관과 동떨어진 비평을 하지 말라는 것입니다. 요약하자면, 좋은 비평가가 되려면 전문적이어야 하고, 고유한 영역이 있어야 하며, 영합하지 말아야 합니다.

Ⅱ. 비평 방법론

비평가는 공부하는 사람이라고 했습니다. 그렇습니다. 정말이지 비평가는 공부하는 사람입니다. 영화 비평도 예외는 아닙니다. 아니, 영화 비평가는 다른 비평가에 비해 더욱 많이 공부해야 합니다. 영화는 단지 서사만 담는 것이 아니라 서사를 영화라는 매체 속에 담고 있기 때문에 영화 '매체'라는 특징에 대해 공부해야 합니다. 게다가 영화를 만드는 주체의 문제, 그것을 보는 관객의 문제, 영화 안에서 의미를 만드는 기호의 문제, 영화 자체의 스타일과 형식의 문제 등 공부할 것이 참으로 많습니다. 여기에 더해 영화를 어떤 이론적 방법으로 읽을지도 고민해야 합니다. 이런 공부에 토대를 둔 상태에서 비평을 해야만 체계적이고 논리적인 비평이 가능해집니다. 영화를 많이 보는 것도 중요하지만, 영화 이론을 공부한 상태에서 영화를 관람해야 전에는 보이지 않던 것이 보인다는 말입니다. 이제부터 짧게나마 영화 비평에 도움이 되는 이론적 방법론을 소개할까 합니다.

1. 장르론

장르(Genre)라는 말은 우리가 익히 들어온 말입니다. 사진술의 발달로 영화가 발명된 후 짧은 동영상이었던 영화는 바로 소설과 결합하게 됩니다. 지금 식으로 말하면, 다큐멘터리였던 영화가 극영화로 변화하기 시작한 것이죠. 영화를 대중들의 욕망과 연결하려고 고민했던 1920년대의 할리우드 시스템이 그 해답을 찾아냈습니다. 1920년대는 영화라는 새로운 발명품을 각 나라의 상황에 맞게 적용하고 발전시킨 시기였지요. 가령 '영화 종주국' 프랑스는 영화가 어떻게 예술이 될 수 있는지 실험했고, 이웃 나라 독일은 패전의 고통에 처한 독일 국민들의 우울한 심리를 표현하는 매체로서 영화를 실험했으며 신생 공화국 소비에트는 국가의 이념적 토대인 변증법을 영화로 어떻게 구현할 수 있는지 몽타주를 통해 고민했고, 할리우드라는 서부의 끝자락에 위치한 미국 영화인들은 대중들이 선호하는 이야기를 스타일로 재현하는 몇 개의 고정된 틀을 만들어냈습니다. 스토리와 스타일이 결합된, 할리우드 영화인들이 만들어낸 고정된 틀은 곧 장르가 되어 공식처럼 굳어지게 되었죠.

중요한 것은 장르라는 것이 결코 인위적으로 영화인들이 만든 것이 아니라는 사실입니다. 어떤 사람이 특정 장르를 만든다고 해도 바로 장르가 되지는 않습니다. 장르가 형성되려면 비슷한 서사 구조와 스타일, 컨벤션, 아이콘 등을 지닌 영화가 꾸준히 만들어져야 합니다. 이때 중요한 것은 장르를 만드는 사람들이 아니라 그것을 소비하는 관객들입니다. 관객들이 원하는 것을 정확히 파악해서 그들의 욕망에 맞게 이야기를 구성해야 합니다. 이렇게 보면 장르에는 인간의 집단무의식이 내재해 있다는 것을 알 수 있습니다. 한두 사람이 원하는 이야기가 아니라 집단이 원하는 이야기. 가령, 사랑에 대한 집단적인 욕망은 멜로드라마로, 남성의 건장한 육체에 대한 욕망은 액션 영화로, 웃음에 대한 욕망은 코미디로, 미국인들의 개척의 정당성은 서부극으로 만들어진 것이지요. 요약하자면, 장르는 인간이 지니고 있는 집단적인 욕망을 그에 맞는 스토리와 스타일로 그려낸 것입니다. 때문에 집단의 관객들이 동시에 이 영화들을 보며 웃고 울 수 있는 것입니다. 이렇게 보면 각 장르적 포맷은 인간의 원초적 반응 양상이고, 그 안의 스토리는 공감대적 요소라고 할 수 있습니다.

흥미롭게도 장르는 영원불변하지 않습니다. 저는 장르에서 중요한 것은 이 부분이라고 생각합니다. 장르는 생성되었다가 발전하고 절정에 도달한 후 소멸했다가 다시 재생성됩니다. 아니면 소멸하지 않은 채 변형됩니다. 이것을 '장르 사이클'이라고 하는데, 이때 재생성되거나 변형된 장르는 이전 장르와는 다른 내용이나 스타일로 포장됩니다. 장르가 하나의 유기체라는 말을 하는 것도 이 때문입니다. 특정 시기에 특정 장르가 어떤 형태로 등장했다가 변화했는지 분석하는 것은 필연적으로 장르와 사회를 연결시킵니다. 장르를 연구할 때 주의해야 할 점도 이 부분입니다. 게다가 하나의 장르 안에는 숱한 서브 장르가 생성됩니다. 각각의 서브 장르의 유형과 패턴, 목적을 살펴서 구분하는 것은 결코 쉽지 않습니다.

이렇게만 보아도 장르에 대해 공부할 것이 많다는 것을 알 수 있습니다. 여기에 더해 할리우드의 장르와 우리나라의 장르를 비교할 수 있습니다. 우리만 해도 과거의 장르와 지금의 장르를 비교할 수도 있습니다. 결국 장르에 대한 공부와 비평은 영화 전반에 관한 공부로 발전하게 되지요. 때문에 장르에 대한 공부가 제대로 되면 비평에서 큰 무기를 하나 가지고 있는 것과 같습니다. 그만큼 장르론은 결코 쉽지 않은 비평 방법론입니다.

여기서 예를 하나 들어볼까요. 저는 2015년부터 한국에서 이상한 장르가 형성되었다고 봅니다. 〈검은 사제들〉(장재현, 2015)이 흥행에 성공하는 것을 보면서 구미의 유물이었던 오컬트영화가 우리나라에서도 가능하다는 것에 정말 놀랐습니다. 그런데 2016년 봄의 〈곡성〉(나홍진)을 보고 더욱 크게 놀랐습니다. 아예 좀비영화가 흥행에 성공했지요. 여기에 그치지 않고 〈부산행〉(연상호, 2016)이라는 본격 좀비영화가 대망의 천만 관객을 돌파했습니다. 한국에서는 절대 흥행이 안 된다는

연상호 감독의 〈부산행〉(2016)

오컬트영화와 좀비영화, 즉 악령과 좀비가 난무하는 영화가 흥행에 큰 성공을 거둔 것을 어떻게 봐야 할까요? 도대체 한국 관객들은 이 영화에서 무엇을 본 것일까요? 〈부산행〉에 대한 평을 볼까요.

　　좀비영화로서 〈부산행〉은 그다지 무섭지 않았다. 무서운 장면은 엉뚱한 곳에 있었다. 영화의 중반부, 주인공들은 좀비로 득실대는 객실을 몇 개나 지나서 구사일생으로 거기까지 갔다. 그런데 문은 열리지 않는다. 뒤에는 그들을 물어뜯으려 달려드는 좀비들이, 앞에는 생존자들이 있다. 뒷문은 열리지 않아야 하고, 앞문은 열어야 한다. 하지만 이 문과 저 문 사이, 삶과 죽음을 가르는 그 경계는 완강하다. 문 안에는 처음 보는 얼굴들, 두려움과 이기심으로 마비된 얼굴들이 있다. 결국 지옥의 문을 여는 것도 그들 중 하나다.

〈부산행〉을 본 관객들이 '역시 가장 무서운 건 인간'이라고 말하는 것은 그러므로 당연하다. 우리가 두려워하는 건 좀비가 아니다. 우리 자신이 좀비가 될까 봐 두려운 것이다. 좀비는 이미 죽은 자들, 혹은 죽었으나 안식에 들지 못한 존재들이다. 그들은 (무서운 형상을 한) 무고한 희생자일 뿐이다. 희생자들이 희생되어야 하는 데는 이유가 없다. 그러니 두려운 것이다.

이 장면은 납득할 수 없는 방식으로 우리 안의 두려움을 보여 준다. 물론 우리의 두려움에는 경험적 근거가 있다. 대책 없이 믿고 기다리라는 무능한 정부, 창밖으로 고개만 돌려도 알게 되는 참상을 폭동사태로 호도하는 언론, 이기심으로 사태를 악화시키는 지배계층. 도시는 피로 물들고, 군인들은 시민들을 향해 달려든다. 그리고 한국인의 집단 트라우마를 건드리는 숱한 대사가 있다. (중략)

차라리 한국인의 집단적인 외상 후 스트레스장애라 해야 할까. 세월호와 메르스 사태를 겪은 우리는 결코 그 경험 이전으로 돌아갈 수가 없다. 그것이 이 영화의 주요 관심사가 아님에도 불구하고, 〈부산행〉은 거의 자동기술적으로 현실을 영화 안으로 끌어들인다. 그러니 진짜 공포는 영화 밖에 있는 것이다. [5)]

부산에서 활동하고 있는 비평가 강소원의 비평입니다. 〈부산행〉이라는 좀비영화가 흥행하고 있는 이유를 지극히 한국적인 상황 때문이라고 분석하고 있죠. 좀비에게 물리면 좀비가 되는 좀비영화의 공식은 동서가 같지만, 그것을 보여주는 방식에서는 다르다고, 즉 대형 재난이 닥칠 때마다 우리에게 너무도 익숙한 일들의 반복이 영화 속에 재현되어 있다고 합니다. 정부, 언론, 군인, 지배계층 등이 했던 일들이 영화 속에 고스란히 반복되고 있어, "거의 자동기술적으로 현실을 영화 안으로 끌어들인다. 그러니 진짜 공포는 영화 밖에 있는 것"이라고 강소원은 적었습니다. 강소원이 보기에 〈부산행〉이 흥행한 이유는 바로 이것입니다. 구미의 장르를 한국적 상황으로 데리고 와 적절하게 모방하고 현실적으로 적용한 것이 주효했다는 말입니다. 이런 점에서, 오컬트영화와 좀비영화가 흥행하는 현상황을 "헬조선의 장르화"라고 평한 김형석은 정말 명민한 평

5) 강소원, 「강소원의 영화와 삶」 현실의 허구성 vs 영화의 현실성」, 《부산일보》 2016
-07-28(37면). http://news20.busan.com/controller/newsController.jsp?newsId
=20160728000008

론가 같습니다.

〈부산행〉처럼 의외의 장르가 아니더라도 특정 시기에 특정 장르가 홍행한다면 그 장르에 대해 당연히 생각해보아야 합니다. 장르는 근원적인 이야기의 매력을 영화 스타일의 힘으로 포장하지만, 특정 장르가 특정 시기에 유행할 때에는 분명 이유가 있습니다. 과거의 장르와 현재의 장르를 비교해도 같은 스타일이 아니니 더욱 할 말이 많아집니다. 다시 말하지만, 장르에서 중요한 것은 관객들의 수용입니다. 그 시대 관객들이 보고 싶어 하는 '그 무엇'을 장르가 담고 있기 때문에 홍행하는 것입니다. 장르에 대한 자세한 논의는 이 시리즈의 다른 책에서 다룰 것이니 저는 여기서 그만하도록 하겠습니다.

2. 작가주의

작가주의는 영화의 주체에 대한 질문으로 시작했습니다. 소설의 작가는 소설가이고 회화의 작가는 화가라면, 영화의 작가는 누구인가, 라는 질문이 그 시작이지요. 프랑스의 알렉상드르 아스트뤽(Alexander Astruc)이 '카메라 만년필설'을 주장하면서 영화의 작가는 감독이라고 결정 내립니다. 사실 이것은 쉬운 결정이 아니었습니다. 영화의 시나리오는 시나리오 작가가 쓰고, 촬영은 촬영 감독이 하고, 연기는 배우가 하고, 편집은 편집 기사가 하는데, 왜 감독이 주체가 되어야 할까요? 그전에 도대체 감독은 무엇을 하는 사람일까요? 답은 간단합니다. 감독은 이 모든 것을 조율하는 사람입니다. 그러니까 감독은 비록 시나리오를 직접 쓰지도 않고 촬영을 직접 하지도 않으며 연기를 직접 하지 않아도, 자신이 원하는 영화에 맞는 시나리오를 선택해서 자신이 상상한 이미지가 나오도록 촬영 감독과 협의하고 배우의 연기를 뽑아냅니다. 결국 현장에서 OK할지 NG할지의 권한은 감독에게 있습니다.

아스트뤽의 이 제안을 프랑스의 일련의 비평가들이 받아들이고 대폭적으로 적용해 작가론이 등장하게 됩니다. 아예 감독을 작가로 본 것이지요. 이제 영화의 주체는 확실하게 감독이 되었습니다. 심지어 일부 평론가들과 학자들은 만신전에 올라갈 감독을 구분한 뒤, 최고 감독의 졸작이라도 작가가 아닌 감독의 최고작보다 좋다는 극단적인 편 가르기를 하기도 했습니다. 프랑스에서 시작된 작가주의는 미국으로 건너가 작가이론이 되어 더욱 횡행하다가 (다음 챕터에서 볼) 구조주의라는 학문 방법론이 힘을 떨치는 시대가 되면 예전과 같은 힘을 발휘하지 못하게 됩니다. 구조주의 이론상 감독 역시 구조의 산물이기 때문에, (영화가 감독의 산물이라고 인정한다고 하더라도) 감독의 산물인 영화를 감독의 독창적인 사유의 표현체로 보기 어려운 것이었지요.

이론적으로 보면 감독은 영화의 주체가 될 수 없습니다. 후기 구조주의로 가면 그런 중심을 오히려 해체해야 하니까요. 그러나 현실은 그렇지 않습니다. 영화 작업에서 통제 권한을 지닌 가장 막강한 사람은 여전히 감독입니다. 가끔 제작자나 PD, 투자자 등의 권한이 크기도 하지만, 여전히 현장에서 영화를 만드는 사람은 감독이고, 무엇보다 한국에서 감독은 절대적인 권위를 지니고 있습니다. 한국에서 감독은 대부분 시나리오를 직접 쓰고, 제작사를 직접 차리기도 합니다. 편집에서도 편집 감독과 함께 하면서 힘을 발휘하니, 당연히 감독이 주체라고 할 수 있습니다.

상황이 이러하니, 감독을 중심으로 하는 비평을 비평 현장에서는 선호합니다. 감독의 영화 전체를 일관하는 특징을 정리한 뒤, 신작과 비교하는 것만으로도 좋은 글이 될 수 있습니다. 두 감독의 영화 세계를 비교하는 것도 좋지요. 아래 글을 볼까요.

'봉준호 감독이 4년 동안 준비한 영화'라는 기대감만 가지지 않는다면, 〈설국열차〉는 꽤 '괜찮은 영화'다. 인상적인 비주얼, 군더더기 없이 전개되는 스토리, 결말이 주는 싸한 느낌, 배우들의 탄탄한 캐릭터 연기 등은 이 영화에 '웰메이드'라는 수식어를 붙이는 데 별 주저함이 없게 만든다.

영화의 핵심은 바로 '열차'. 그리고 데뷔작 〈플란다스의 개〉(2000)의 아파트부터 시작되어 〈살인의 추억〉과 〈마더〉의 한 마을, 그리고 〈괴물〉의 한강 교각과 둔치 등, '닫힌 공간'에 대한 감독의 매혹은 〈설국열차〉에서 '열차'를 통해 절정에 달하며, 이 영화에서 '열차'는 영화의 가장 중요한 캐릭터이자 테마이자 모티브이자 액션이다.

전 인류가 하나의 기차에 갇혀 1년짜리 철로 코스를 무한 반복 리플레이 하듯 반복해서 돌고 돈다는 설정은, 이 영화를 하나의 거대한 메타포로 만들며, 결국 〈설국열차〉는 '시스템'에 대한 영화로 귀결된다. 꼬리 칸의 커티스(크리스 에반스)는 기차의 설계자이자 객실에 의해 계급이 나뉘는 불평등 사회의 창시자인 윌포드(에드 해리스)의 맨 앞 칸으로 향한다. 그 과정에서 혈투가 벌어지고 수많은 희생자가 생겨난다.

마침내 윌포드를 만난 커티스. 하지만 그의 '혁명'은 거기서 멈춘다. 여기서 영화는 시스템을 인정하자고도, 전복하자고도, 파괴하자고도 이야기하지 않는다. 봉준호 감독의 시선은 열차 안이 아닌 밖에 있으며, 시스템을 벗어나지 않고선 그 어떤 희망도 없다고 말한다. 지나친 이상주의라고? 글쎄. 어쩌면 열차 밖으로 나가는 건, 우리에게 남겨진 유일한 현실적 대안일지도 모른다.[6]

할 말만 정확히 하는 김형석 평론가의 〈설국열차〉(봉준호, 2013) 리뷰입니다. 예시가 전문인 짧은 이 글에서 김형석은 봉준호 영화에서 중요한 모티프라고 자신이 생각하는 공간에 대해 이야기합니다. 봉준호가 주목했던 닫힌 공간이 열차라는 공간으로 재현되었는데, 1년에 한 바퀴씩 무한 반복해 도는 그 공간은 거대한 메타포가 되고, 또한 계급적 공간이 된다고 적었습니다. 결국 영화는 혁명을 이야기하며, 열차라는 시스템을 벗어나자고 하고, 그것만이 유일한 대안이라고 합니다. 그러니까 김형석은 봉준호의 신작을 작가주의 입장에서 시작해서 새로운 특징을 찾아내고 있는 것이지요. 길지 않은 글 속에 이렇게 깔끔하게 작가주의는 활용되고 있습니다.

김형석의 글에서도 잠시 드러난 것처럼 작가주의에서는 이야기의 구조나 패턴보다는 각 작가의 스타일을 더 중히 여겼습니다. 영화는 같은 이야기를 어떻게 하느냐에 따라 완전히 달라지기 때문입니다. 사실 이야기는 이미 장르라는 틀 안에서 패턴화되어 있습니다. 그럼에도 걸작과 졸작이 구분되는 것은 같은 이야기, 비슷한 이야기를 어떤 방식으로 보여주느냐에 달려 있습니다. 결국 중요한 것은 '무엇'이 아니라 '어떻게'인 것이지요. 때문에 작가주의 방법론으로 비평할 때에는 스타일에

---

6) 김형석, 「눈부신 상상력으로 질주하는 열차」, 《맥스무비》. http://news.maxmovie.com/122042

주목하게 됩니다. 다음 글을 보시죠.

　　배창호의 영화는, 아메리칸 드림을 동경하는 남자 백호빈이 미국 시민권을 취득하려는 과정에서 미국 시민권이 있는 한국인 여성 제인과 위장결혼하고, 점차 진실한 사랑을 추구해가는 제인과 달리 그것을 무시하고 외면하는 데서 드러나는 사랑의 불모성을 다룬다. 〈적도의 꽃〉의 미국 배경 버전이라 할 이 영화에서, 배창호는 어떤 이전 영화에서보다 화려한 기교를 선보였다. 포옹하고 키스를 하는 남녀 주인공을 카메라가 360도 원형 트래킹으로 잡는 영화 속 장면은 한국 영화의 기술 콤플렉스를 시원하게 해소해주는 것이었다. 당시 라디오 심야 프로그램에 고정 출연하고 있던 이장호는 〈깊고 푸른 밤〉을 두고 '천재성이 번뜩인다. 특히 기후가 달라서 그런지 미국 올로케한 화면의 색감이 너무 인상적이다'라고 후배의 성취를 격찬했다.

　　배창호는 데뷔작 〈꼬방동네 사람들〉에서부터 결정적

배창호 감독의 〈깊고 푸른 밤〉(1985)

인 장면에서 360도 원형 이동 촬영 기교를 구사했지만, 〈깊고 푸른 밤〉에서만큼 그 기교의 효과가 강렬했던 적은 없었다. 배창호가 기교의 절정을 과시한 이 영화는 동시에 매너리즘의 함정을 드러내었다. 원형 카메라 이동의 속물스런 장식적 아름다움에 관객이 취할 때 배창호의 골수 팬들은 이런 과시적 기교의 구사 다음엔 과연 어떤 표현이 추구될 것인가 궁금했다.[7]

수사가 빼어난 김영진 평론가가 배창호의 〈깊고 푸른 밤〉에 대해 비평하고 있습니다. 그가 주목한 것은 360도 원형 트래킹을 비롯한 화려한 카메라 워크입니다. 김영진은 이런 카메라 워크를 통해 배창호가 한국 영화의 기술 콤플렉스를 시원하게 해소해 주었지만, 한편으로는 데뷔작에서부터 사용한 이런 기교가 속물스러운 장식적 아름다움에 빠지면 안 된다고 점잖게 충고하고 있습니다. 카메라 기교나 편집 스타일에 대해 논할 때 주의해야 할 것은 화려한 기교가 반드시 좋은 것은 아니라는 점입니다. 특정 장면에서 특정 기교를 사용할 때에는 반드시 스토리 전개나 인물의 심리와 조화를 이루어야 합니다. 즉 스토리와 스타일이 함께 만나지 않고 관객들을 현혹하기 위해

7) 김영진, 『이장호 VS 배창호_1980년대 한국영화의 최전선』, 한국영상자료원, 2007, 98쪽.

사용하는 화려한 기교는 단지 화려한 기교에 그칠 뿐이라는 것입니다. 김영진은 이 부분을 지적하고 있습니다.

3. 구조주의 : 이데올로기론

장르론이나 작가론은 영화만의 문제를 다룬 이론이라고 할 수 있습니다. 장르와 작가는 영화의 갈래와 주체에 대한 질문에 답하는 연구 방법이지요. 그러나 구조주의는 그렇지 않습니다. 구조주의는 영화만의 이론이 아니라 철학적 개념입니다. 그러니까 인간이 사는 세상에 대한 철학적이고 학문적인 접근 방법인 구조주의를 영화 이론과 비평에서도 자주 사용하고 있는 것이지요. 구조주의를 간단히 설명하면, '인간의 조건을 찾아가는 작업'이라고 할 수 있습니다. 인간 개개인의 의식을 뛰어넘어 보편적이고 객관적인 질서를 찾는 작업이지요. 다시 말하면, 인간의 보편성을 추구하면서 인간을 인간이게 만드는 구조(structure)를 찾아 분석하는 방법론입니다.

여기서 말하는 구조는 인간의 눈에 보이는 것이 아니라 표피적 현상 밑바닥에 존재하면서 현상이 가능하도록 만드는 근원적인 것을 칭합니다. 근본적인 구조를 분석함으로써 지금의 인간과 사회를 이해하고 분석하려는 것이지요. 쉽게 말하면, 인간이 특정 구조에 들어가면 구조의 산물이 될 수밖에 없다고 보는 인식입니다. 이렇게 보면, 인간을 자본의 소유 여부에 따라 분류하는 맑시즘도 구조주의가 되고, 인간의 의식을 구조적으로 분석한 정신분석학도 구조주의가 됩니다. 구조주의의 장점이라면 구조를 파악하면 그 안에 있는 것은 자동적으로 이해할 수 있다는 것이지요.

구조주의는 페르디낭 드 소쉬르(Ferdinand de Saussure)에서 시작합니다. 그는 유명한 언어학자지요. 소쉬르는 언어가 어떤 역사를 지니고 있는지 고민한 것이 아니라, 지금 여기서 우리가 사용하고 있는 언어가 어떻게 소통될 수 있는지 분석했습니다. 결국 소쉬르가 연구하고자 했던 것은 기호가 의미화되는 구조를 찾는 것이었습니다. 같은 원리로, 프랑스의 구조주의자인 롤랑 바르트(Roland Barthes)는 사회가 유지되는 구조를 분석하고자 했습니다. 그는 외연과 내포의 구조를 통해 어떻게 사회가 보편적이라고 생각하는 이데올로기를 생산하고 유지하는지 분석했습니다. 이어 루이 알튀세르(Louis Pierre Althusser)는 유명한 호명 이론8)을 통해 주류의 이데올로기가 어떻게 하층민에게 수용될 수 있는지 그 과정을 분석했습니다. 이들의 목적은 단순합니다. 지금의 사회가 어떻게 유지되고 있

---

8) 호명(interpellation) 이론은 알튀세르가 주체 구성에 대해 연구한 이론이다. 개개인의 주체는 내적으로 구성되는 것이 아니라 외적인 호명에 스스로 답하면서 외부가 명하는 대로 구성된다. 이 과정을 거쳐 개인의 주체(subject)는 타자에게 종속(subject)된다.

는지 구조를 통해 분석하는 것이었습니다. 소쉬르가 언어를 연구해 토대를 마련했다면, 바르트는 신화라는 이데올로기를 연구해 주류 사회의 유지에 대해 분석했고, 알튀세르는 주류 이데올로기가 유지될 수 있는 개인의 주체 구조를 연구했습니다.

구조주의 입장에서 영화를 본다는 것은 영화적 표상이 의미를 내는 체계를 분석하려는 것이고, 영화적 표상이 특정 방식으로 가능하게 만드는 사회 구조를 분석하는 것이며, 의미를 내는 과정에서 이데올로기적 영향, 즉 주체 형성에 대해 연구하는 것입니다.[9] 말이 좀 어렵나요? 그렇지 않습니다. 영화가 어떻게 의미를 만들어가는지 영화 안의 구조를 이항대립의 개념으로 분석한 후, 영화의 의미를 특정 방식으로 가능하게 만든 사회 구조를 분석하고, 그것을 받아들이는 관객 개개인의 주체 형성에 대해 연구합니다.

아직도 어렵다면, 좀 더 쉽게 설명해 보겠습니다. 구조주의적 시각에서는 흔히 서부극을 자주 예로 듭니다. 서부극은 문명과 자연의 이항대립 구조로 전개됩니다. 언어가 여러 단어 가운데 원하는 것을 뽑아 문장을 만들 듯이, 영화는 여러 선택지 가운데 하나를 뽑아서 쇼트를 만듭니다. 이때 서부극은 문명의 건맨과 야만의 인디언을 대립해 이야기를 만들어나갑니

---

9) 원용진, 『새로 쓴 대중문화의 패러다임』, 한나래, 2010, 273쪽.

다. 이 과정에서 이항대립적인 여러 장치들, 가령 조명, 카메라, 의상, 언어 등을 통해 대결 구도를 만들어가죠. 이런 것들이 모여 결국 내러티브를 구축하는데, 거기에는 미국의 개척시대에 백인이 행한 일들을 프론티어 정신으로 미화하는 이데올로기가 필연적으로 들어갑니다. 미국인이 자신의 시각에서 만든 서부극을 전 세계의 관객들이 보고 즐기는 이 현상을 보면서 우리는 질문해야 합니다. 서부극에서 의미를 만들어내는 체계는 어떻게 구성되어 있는가, 그러한 서부극을 만들어내고 있는 미국 사회의 구조는 어떠한가, 백인 이데올로기를 담은 영화를 받아들이는 전 세계 관객들의 주체는 어떻게 형성되는가. 결국 구조주의는 영화에서 내적으로 의미가 발생하는 구조를 분석하고, 이것을 가능하게 한 사회 구조를 분석하며, 영화의 의미를 받아들이는 소비자의 주체에 대해 연구합니다. 이 모든 것을 하나로 요약하면, 이데올로기라고 할 수 있습니다. 영화는 어떻게 관객들에게 그토록 쉽게 동일화를 만들어낼 수 있는가, 라고 묻는 것입니다.

구조주의만 잘 공부해도 영화에 대해 많은 이야기를 할 수 있습니다. 먼저 영화가 어떻게 구성되어 있는지 치밀하게 분석할 수 있습니다. 쇼트의 분석에서부터 편집으로 이어지는 과정, 그 안에서 조명이나 카메라, 편집, 연기 등에 이르기까지 매우 구체적으로 분석해 영화의 의미를 파악할 수 있습니다.

게다가 영화가 사회의 보편적인 사고를 어떻게 자연스러운 것으로 담아낼 수 있는지도 분석할 수 있습니다. 그리고 영화가 관객들에게 어떻게 말을 걸어 영화의 이데올로기를 받아들이게 만드는지 그 구조를 분석합니다. 정말로 많은 것들을 한 번에 연구할 수 있는 방법이지요.

구조주의 방법론으로 행한 평을 하나 보겠습니다. 폴 해기스(Paul Haggis) 감독의 〈크래쉬 Crash〉(2004)입니다. 이 영화는 매우 특이한 영화입니다. 우리가 흔히 보는, 주인공과 적대자의 서사 구조를 취하지 않고 무려 15명의 인물들이 등장해 결국 그들이 어떻게 얽히고설키면서 살아가고 있는지 보여줍니다. 그런데 이 영화는 놀랍게도 백인 감독이 만든, 인종차별에 대한 영화입니다. 아시겠지만, 미국에서 인종차별은 거의 금기어처럼 되어 있는 단어입니다. 그런데 수혜자라고 할 수 있는 백인 감독이 이 문제를 정면에 내세우면서 백인의 안하무인, 흑인의 양면성, 히스패닉의 고통, 아시아인의 좌충우돌적 정서 등을 정면에서 다루고 있습니다. 그렇다면 이 영화를 어떻게 봐야 할까요? 지배층이자 착취자인 백인의 고백을 담은 영화로 봐야 할까요? 아니면 고백은 했지만 여전히 한계가 명확한 영화로 봐야 할까요? 다음을 보시죠.

영화 속 흑인은 세 가지 계급에 속한다. 양아치, 경찰, PD

폴 해기스 감독의 〈크래쉬〉(2004)

이다. 양아치들은 푸대접받았다고 투덜대지만, 팁을 안 줄 것이란 '편견'은 편견이 아니라 사실이며, 그들을 보고 겁먹은 백인 여성의 오해는 오해가 아니라 선견지명이 된다. 그들은 '흑인=범죄자'라는 편견이 부당하다 말하지만, 편견에 합당하게 행동하며, 다른 흑인에게 도둑놈이라 한다. (중략) 영화가 말하는 흑인은, 하층민은 범죄자가 맞고, 중간층은 기회주의자이며, 상류층은 자기부정에 빠져 있다. 그들은 콤플렉스로 가득 차 있으며, 인종차별에 대한 올바른 문제제기를 하지 못한다.

백인은 어떤가. 하층 백인은 흑인을 고용하는 사업체를 운영했음에도 법적인 역차별을 받아 궁핍해졌으며, 백인경찰은 비리 흑인경찰을 쏘았음에도 중벌을 받게 되었다. 인종차별주의자로 보이는 백인경찰이 "경찰생활 더 해봐라, 넌 아직 멀었다"고 확언할 만큼 그의 행동들은 다 경험에서 우러난 것들이며, 곧이어 목숨을 걸고 흑인 여자를 구함으로써 의로움을 증명한다. 또 한명의 백인경찰은 관대함을 발휘해 흑인 PD를 살려준다. (중략) 정리하자면, 법적/정치적으로 흑인에게 역차별적 특혜가 주어지고 있으며, 백인이 흑인에 대해 갖는 부정적 인식은 다 이유가 있고, 백인은 용기와 관용으로 흑인을 구한다는 것이다.

여기서 생사여탈권을 누가 쥐는가가 중요하다. 흑인경찰은 백인경찰에게 죽고, 흑인 청년은 백인경찰에게 죽으며, 흑인 PD 부부는 각각 백인경찰들에 의해 산다. 백인은 흑인을 죽이거나 살릴 수 있다. 반면 흑인은 백인의 운명에 개입할 수 없고, 다만 충직함으로 (가정부는) 백인을 도울 수 있다. 한편 흑인은 아시아인을 살려준다. 조진구와 동남아인들을 두 번의 선택의 기로에서 모두 살려준다. 아랍인은 히스패닉을 죽이거나 살릴 수 없으며, 오직 기적만이 그를 살린다. 정리하면 '백인 〉 흑인 〉 아시아인'이라는 위계(位階)가 도출된다.

〈크래쉬〉가 전하는 화해의 메시지는 LA 백인교회 목사의 설교와 흡사하다. 인종간 다툼이 백인들이 유색인들에게 가한 폭력과 차별의 역사로부터 기인되었음을 생략한 채, 인간 본질의 문제로 돌리고, 엄존하는 백인중심주의와 인종간 불평등을 도외시한 채 다만 돌고 도는 편견의 제로섬 게임으로 위장하며, 인종과 성에 대한 보수적 편견을 재생산한다.10)

날카로운 비평을 하는 황진미는 인종차별을 용감하게 고발하듯이 재현한 영화가 오히려 인종차별의 현실을 고정화한다고 강하게 이야기합니다. 백인, 흑인, 아시아인, 히스패닉 등 다양한 인종이 모두 등장하면서 그들의 충돌(crash)에 초점을 맞추었지만, 결국 백인이 모든 것을 포용하고, 흑인이 그 아래에 있으며, 아시아인과 히스패닉은 가장 아래에 있다고 합니다. 이런 영화를 두고 인종차별의 현실을 그렸다고 할 것인지, 인종차별의 현재를 고정화했다고 할 것인지는 사람마다 다를 수 있지만, 아시아계 황인종인 우리로서는 그리 달갑게 받아들이기 쉽지 않습니다. 그럼에도 모든 갈등이 끝이 난 후 영화가 막을 내리면 뭔가 해결된 듯한 느낌을 받도록 영화는 구성되어 있습니다. 이 구성과 이데올로기의 주체 형성에 대해 구조주의는 엄밀히 비평할 수 있는 방법론입니다.

4. 정신분석학

말 그대로 인간의 정신을 분석하는 정신분석학이 왜 영화 비평 방법론으로 등장하는지 의아한 분들이 있을 수 있겠지만,

---

10) 황진미, 「답습과 각성, 〈크래쉬〉와 〈히튼〉」, 《씨네21》 2006-04-26. http://www.cine21.com/news/view/?mag_id=38026

가만히 생각해 보면 영화야말로 정신분석학에 적합한 매체입니다. 우리가 다른 매체보다 영화에 더 집중하기 쉬운 이유를 설명할 때 어떤 방법론이 필요할까요? 당연히 정신분석학입니다. 인간의 정신을 분석해서 왜 인간은 소설이나 미술보다 영화라는 매체에 더욱 쉽게 열광하는지 파악해야 합니다. 이 말을 다르게 하면, 영화라는 매체의 어떤 기계적 특징 또는 장치적 특징 때문에 더욱 쉽게 집중하는지 분석해야 합니다. 이때 중요한 것이 극장이라는 공간입니다. 어떻게 보면 극장이야말로 참으로 불편하고 불안한 곳입니다. 한 번 앉으면 움직일 수도 없고 옆의 사람과 안면이 없어도 무조건 함께 영화를 봐야만 합니다. 게다가 극장은 어두워서 사방을 분간하기도 어렵습니다. 스크린만 환하게 빛날 뿐이지요. 이런 공간에 예약을 하고 정해진 시간에 입장해 영화를 보고 돌아오는 것이, 어떻게 보면 시간도 많이 들고 돈도 많이 드는 번거로운 일이지만, 관객들은 이런 불편을 오히려 즐기면서 신나게 영화를 봅니다. 프로이트(Sigmund Freud)나 라캉(Jacques Lacan)의 이론에 바탕을 둔 정신분석학은 극장의 이런 관람 구조를 인간의 정신 구조와 비교하면서 설명합니다. 영화라는 장치도 기본적으로는 배우가 연기한 인물의 이야기를 관객이 지켜보는 것인데, 관객들은 마치 자신의 일인 양 손에 땀을 흘리면서 바라봅니다. 영화의 어떤 부분이 그렇게 만드는 것인지 카메라, 편집 등을 집중적으로 분석할 때 동원되는 방법론이 정신분석학입니다. 일차적으로 정신분석학은 영화라는 장치, 영화를 보는 극장이라는 장치를 설명하는 데 매우 소중한 방법론입니다.

정신분석학이 영화라는 장치에 대해 분석하는 데만 사용되는 것은 결코 아닙니다. 만약 정신분석학이 영화라는 장치를 분석하는 데만 사용된다면, 이론의 한 방법이 될 뿐이지 비평의 방법론이 될 수는 없습니다. 모든 영화에 공통으로 적용되는 것은 비평의 방법론이 아니라 영화 이론 분야니까요. 정신분석학이 영화 비평에서 유용하게 사용되는 경우는 영화 속 캐릭터의 심리를 분석할 때입니다. 우리는 영화를 보고 있지만 가끔 영화 속 인물의 심리를 제대로 이해하지 못할 때가 있습니다. 도대체 영화 속 인물이 왜 저러고 있는지 이해하지 못할 때 정신분석학은 정확하게 설명합니다. 정신분석학으로 영화 속 캐릭터의 심리를 절묘하게 설명하는 이들이 실제 심리학을 공부했거나 정신분석학을 공부한 의사인 것은 이 때문입니다. 독특한 영화의 분위기 때문에 매혹적으로 빠져들었지만 캐릭터의 심리를 이해하지 못한 영화로는, 저에게는 루이 말(Louis Malle)의 1992년작 〈데미지 Damage〉가 있습니다. 영화 속에 등장하는 여성이 왜 굳이 시아버지가 되는 인물과 섹스를 해야 하는지, 그것을 영화는 왜 자연스럽게 보여주고 있는지 쉽게 이해되지 않았는데, 아래의 글을 보고는 의문이 싹 가셨습니다.

검은 옷을 즐겨 입는, 아름답지만 웬지 독기를 품은 듯한 (감독은 관객들이 안나에게서 마치 여자 악마와 같은 느낌을 받도록 목 깃을 높이 세운 검은 의상을 입히고 있다.) 어두운 구석이 있는 여성으로 성장한 안나. 매력적인 여성으로 성장했지만 오빠의 악령이 따라다니는 한, 안나의 모든 성교는 궁극적으로 오빠와의 섹스이다. 오빠는 안나의 마음과 머리 속에 들어앉아서 안나가 진정으로 다른 남성을 만나고, 그 남성과 섹스를 하는 것을 허락하지 않는다.

그렇다면 오빠의 죽음 이후에 그녀가 행한 모든 섹스(영화에는 나와 있지 않지만 내 짐작에는 안나의 성관계는 상당히 '문란'하였을 것으로 짐작된다. 왜냐하면 자기파괴적인 행동도 안나에게는 만족감을 안겨다 주는 것이므로) 본질적으로 근친상간(近親相姦 incest)인 것이다. 그녀는 강박적이라고 해야 할 정도로 '오빠의 성교 요구를 거부한 자신의 첫값을 치르기 위한 오빠의 대리인과의 성교'를 추구하는 행동을 했을 것이다.

그러다가 안나는 영국에서 죽은 오빠의 현신(現身)을 발견하게 되었다. 그 남자는 자살한 오빠와 용모가 꼭 닮은 마틴이다. 살아있는 오빠를 발견한 안나는 그에 대한 애증을 동시에 느꼈을 것이다. 그러나 그녀는 운명적으로 마틴과

루이 말 감독의 〈데미지〉(1992)

결혼해야 한다는 것을 느낀다. 그것은 그녀의 말대로 '생존을 위한' 선택을 하는 것이다.

그러나 실제 현실에서 마틴은 자신의 오빠가 아니다. 그리고 현실의 마틴과의 섹스는 결코 근친상간도 아니다. 안나의 무의식은 근친상간을 추구하도록 그녀를 이끈다.

오빠의 현신인 마틴과 성교하면서, 근친상간이면서, 그녀의 오빠에게 적절히 복수도 할 수 있는 관계란 어떤 것일까? 예를 들어 마틴을 살해하는 방법은 어떨 것인가? 그것은 오빠에 대한 복수심은 만족시킬 수 있으되 오빠를 두 번 죽이는 셈이 되고 만다. 그리고 지속적으로 그녀의 해묵은 죄책

감을 경감시킬 수 있는 마틴과의 성교도 불가능해진다. 그렇다면 다른 좋은 해결 방법은?

그렇다. 기가 막힐 정도로 아주 좋은 해결 방법이 있다. 그것은 마틴의 아버지 스티븐을 유혹하는 것이다. 마틴의 아버지와의 성교는 근친상간을 해야만 하는 그녀의 내면적 욕구를 만족시킨다. 왜냐하면 스티븐은 그녀의 시아버지이므로. 그리고 마틴의 아버지이므로 제 2의 마틴인 셈이고, 따라서 제 3의 오빠(마틴은 제 2의 오빠)이다. 그리고 시아버지와의 성관계는 분명 아들인 마틴에게 고통을 안겨줄 것이므로 이 악령과도 같은 오빠에 대한 복수이기도 한 것이다. 얼마나 훌륭한 해결책인가? (중략)

이제 우리는 안나와 스티븐과의 첫 섹스 장면을 더 잘 이해할 수 있다. 안나의 표정과 몸짓을 보라. 그녀는 양팔을 벌린 채, 마치 악마가 혹은 사제가 어떤 고귀한 희생의 의식을 행하듯 스티븐을 받아들인다. 그녀는 스티븐을 통해서 자신의 성(性)을 죽은 오빠의 악령에게 제물로 바치는 거룩한 의식을 행하고 있는 것이다. 엄숙하면서도 만족스러운 듯한, 그리고 비웃는 듯한, 거의 복수심으로 읽힐 수도 있는 그녀의 얼굴 표정을 우리는 이제 이해할 수 있다.[11]

---

11) 배종훈, 『내 눈 앞의 섹스 그리고 영화』, 도서출판 명경, 1997, 42-44쪽.

정신분석학을 공부한 정신과 의사의 비평은 역시 다르지요. 배종훈은 〈데미지〉에서 안나의 의상에서부터 섹스의 동작까지 하나하나 분석합니다. 왜 그녀가 그렇게 살아야 했는지, 이 글을 통해 마침내 이해할 수 있었습니다. 그것은 단지 방종이나 타락, 또는 사랑의 몸짓이 아니라 자신을 원했다가 거절당한 뒤 자살한 오빠의 망령에 대한 거역이자 복수였습니다. 그녀는 마틴을 사랑한 것이 아니고 스티븐을 사랑한 것이 아니라 평생을 오빠의 악령에 시달리면서 그것으로부터 탈출하려고 애썼습니다. 이처럼 정신분석학은 영화 속 캐릭터의 심리를 분석하는데 탁월한 방법론입니다. 인물의 심리만 분석하는 것이 아니라 심리에 맞는 의상, 조명, 세트 등 스크린 속 모든 것을 심리와 결부해 비평할 수 있습니다.

셋째, 영화에서 정신분석학은 영화를 만든 감독의 심리를 분석할 수 있는 방법론입니다. 특정 감독이 특정 영화를 만들었다면, 그 안에는 감독이 그리고자 하는 것이 반드시 들어가 있습니다. 물론 무의식적으로 인지하지 못한 사이에 감독의 생각들이 들어가 있을 겁니다. 그것을 분석하는 방법론이 바로 정신분석학입니다. 때문에 작가론으로 감독의 영화 세계를 분석할 때 정신분석학은 자주 호출됩니다. 국내에서는 김기덕처럼, 그 누구와도 견줄 수 없는 독특한 영화를 만드는 감독의 영화 세계를 분석할 때 정신분석학을 동원해 감독의 정신을 분석하기도 합니다. 이때 조심해야 할 것은 김기덕의 영화가 바로 김기덕의 정신의 발로는 아니라는 것입니다. 정신분석학에서 공부한 대로 무의식은 왜곡된 형태로 등장하듯이 감독의 무의식 역시 변형된 형태로 등장합니다. 그래서 정신분석학으로 감독의 정신 구조를 분석할 때에는 매우 조심해야 합니다.

5. 후기 구조주의의 갈래들 : 페미니즘, 탈식민주의

구조주의라는 방법론이 있음에도 후기 구조주의가 등장했다면, 후기 구조주의는 구조주의와 무언가 같으면서 무언가 다르기 때문일 것입니다. 구조주의와 같다면 '후기(post)'라는 단어를 붙일 필요가 없을 테고, 구조주의와 완전히 다르더라도 굳이 '후기'라는 말을 붙일 필요가 없을 것입니다. 구조주의는 인간 개개인이 아니라 보편적인 그 무엇을 찾기 위해 구조를 중시한다고 했습니다. 그런데 이렇게 구조를 중시하다 보니 자연스럽게 문제가 발생합니다. 가령 구조 안에 들어가면 인간은 누구도 구조를 벗어날 수 없다고 전제되는데, 실제로는 그렇지 않기 때문입니다. 흔히 천재라고 불리는 예술가들은 구조를 깨고 자신만의 독특한 영감으로 창의적인 작품을 만들었지만, 구조주의로는 이들을 설명할 방법이 없습니다. 이런 생각도 할수도 있습니다. 구조주의에 의하면, 특정 영화가 의미를 발산하면 관객들은 그대로 받아들여야 하지만 실제로는 그렇지 않습니다. 가령 〈연평해전〉을 보더라도 어떤 이들은 영화의 이데올로기를 받아들이지만 어떤 이들은 전혀 받아들이지 않습니다. 이것을 구조주의로는 설명할 방법이 없습니다.

그것보다 더 큰 문제는 구조주의는 필연적으로 '구조 중심주의'에서 빠져 나올 수 없다는 것입니다. 구조주의는 구조의 우월성을 지나치게 강조합니다. 구조는 절대 불변의, 깨질 수 없는 것입니다. 여기서 우리는 질문을 할 수 있습니다. 구조가 깨질 수 없다면, 절대 변하지 않는 그 구조는 언제 어떻게 만들어졌는가, 과연 인류의 역사에서 구조는 한 번도 변한 적이 없는가, 라고 말입니다. 매우 보수적인 방법론이라고 할 수 있는 구조주의를 넘어서기 위해 후기 구조주의가 등장했습니다. 후기 구조주의는 구조 중심주의를 비판하면서 동시에 세상의 모든 중심주의를 비판합니다. 더 나아가 중심을 '해체'해야 한다고 주장합니다. 후기 구조주의의 모토가 해체인 것도 이 때문입니다. 이제부터 구조주의가 만들어 놓은 구조의 틀 안에서 중심이었던 존재들은 해체됩니다. 남성 중심의 사회에서 여성의 존재를 부각하고, 백인 중심의 세상에서 타 인종의 존재를 부각하며, 이성애 중심의 세상에서 동성애가 왜 차별을 받아야 하는지 묻습니다. 서구의 고대 철학이 만들어 놓은 이데아나 기독교 사상 역시 만들어진 허구의 이야기일 뿐이며 진리는 아니라고 해체해 버립니다.

후기 구조주의가 등장하면서 비로소 페미니즘, 탈식민주의가 두각을 나타냅니다. 물론 후기 구조주의 때문에 이런 흐름이 발생한 것은 아닙니다. 페미니즘이나 탈식민주의는 이미 오래전부터 존재해 왔지만, 후기 구조주의가 왕성하게 세계 학문계를 지배하면서 힘을 발휘하게 된 것입니다. 사실 영화 이론에서 페미니즘에 대한 논쟁은 오랫동안 존재했고, 그 역사도 매우 깁니다. 1968년 서구의 혁명 이후 다양한 담론이 등장했습니다(아마 이 부분에 대해서는 이 시리즈에서 별도의 책으로 다룰 것 같습니다). 여성 억압에 대한 원인 규명에서 의견을 달리하며 크게 네 갈래로 나누어지는 페미니즘의 흐름은 영화에도 결부되어 영화가 어떻게 여성을 비주체이자 관음증의 대상으로 만드는지 증명합니다. 영화 내용에서부터 카메라의 시선, 편집, 음악, 조명 등 다양한 방식으로 어떻게 여성을 관음증의 대상이자 객체로 만드는지 분석하고, 대안적인 방식을 제시하기도 합니다.

지금 활동하고 있는 평론가 가운데 페미니즘을 내세우는 평론가들이 꽤 있습니다. 저는 가부장적 사고가 강한 이곳에서 이런 흐름은 매우 타당하다고 생각합니다. 상명하복의 수직적인 구조가 가정에서부터 사회, 직장, 심지어 종교 조직까지 일사불란하게 연결되어 있는 이 땅에서 인간해방을 위한 페미니즘은 반드시 필요하다고 생각합니다. 다만 페미니즘을 주장하는 여성이 '미러링'의 방식으로 가부장적 사고를 그대로 드러낸 것은 또 다른 폭력이라고, 페미니즘의 목표는 인간해방이지 여성에 의한 남성 지배나 조롱이 아니라고 저는 개인적으로 생각합니다. 다음 글을 보시죠.

연홍이 복수하는 방법 역시, 그러므로 다르다. 연홍은 그 누구도 물리적으로 처단하지 않는다. 기존의 복수하는 어머니들은 법과 제도라는 남성적 상징계를 통해 대변되지 못하기 때문에 제도 밖에서 개인적이고 물리적인 복수법을 택했다. 칼로 난자하거나 고환을 제거하거나 차로 깔아뭉개버리는 식이다. 연홍은 그렇게 하지 않는다. 그녀는 대신 남편 김종찬과 그의 선거로 대변되는 남성 중심적 상징계를 내파하기로 결정한다. 한명의 남성을 처단하는 것이 자신을 맘충으로 만들고 딸을 죽음으로 내몰았던 이 사회의 구조를 뒤엎는 데 아무런 의미가 없다는 것을 이해하고 있기 때문이다. 따라서 다른 영화의 사악한 남자들과 달리 김종찬이 오히려 순진한 것은 중요하다. 그는 자신이 무엇을 하는지 모르는 채로 체제의 운영에 복무한다. 알지도 못하면서 딸의

이경미 감독의 〈비밀은 없다〉(2016)

청부살인을 사주하듯이.

그리하여 연홍은 "어디 한 번 끝까지 살아봐"라며 섹스 동영상을 업로드해 김종찬의 삶을 작살내버린다. '맘충의 역습'이라는 바이러스가 이 상징계에 업로드되는 순간, 가부장제의 매트릭스는 붕괴하기 시작한다. 그리고 이 운영체제가 무너진 이후에는 새로운 운영체제, 즉 새로운 성체계(gender system)가 올 것이다.

눈앞에서 가부장제라는 운영체제가 그 '비밀'을 드러내며 내파되는 것을 목도하는 쾌감이 〈비밀은 없다〉의 클라이맥스를 장식한다. '비밀은 없다'란 말은 이 허구의 세계를 지탱하는 어떤 필연성, 원칙, 고귀함, 유의미한 규범, 혹은 그럴 듯한 우주의 질서 따위는 존재하지 않는다는 것을 뜻한다. 세계의 설정값으로 주어진 착한 딸, 지혜로운 어머니, 든든한 아버지 따위는 없는 것이다. 대신 언제나 규범으로부터 미끄러지지만 나름의 존재 이유를 가지고 살아가는 딸, 어머니, 아버지 혹은 수많은 다른 존재들이 있을 뿐이다. 12)

2016년 여름 내내 이슈가 되었던 이경미 감독의 〈비밀은 없다〉(2016)에 대해 페미니스트 평론가 손희정이 쓴 비평입니다. 손희정은 이 영화가 기존 여성의 복수극과 다른 지점을 직시하면서 영화가 담고 있는 방식이 왜 더 발전된 것인지, 의미 있는 것인지 설명합니다. 그래서 논란이 되었던 절정 장면에 대해서도 "눈앞에서 가부장제라는 운영체제가 그 '비밀'을 드러내며 내파되는 것을 목도하는 쾌감이 〈비밀은 없다〉의 클라이맥스를 장식한다"라며 적극적인 지지를 보냅니다.

  탈식민주의는 서구 제국주의가 남긴 식민 유산을 극복하자는 의미도 있고, 식민지 지배국이 식민지 피지배국에 강요했던 온갖 열등감을 극복하자는 의미도 있지만, 궁극적으로는 물리적인 식민주의는 끝났지만 정신적 식민주의는 여전히 진행되고 있다는 엄연한 사실에 바탕을 두고 있습니다. 영화로 국한하면 구미(歐美)에서 발명된 영화를 수입해 들여온 우리는 여전히 구미의 장르나 이데올로기로부터 자유롭지 못하다고 비판하면서 대안을 모색하는 것입니다. 다시 말해, 구미의 영화를 식민주의 시각에서 비판할 수도 있고, 우리가 만든 영화에 스스로 녹아 있는 식민주의를 비판할 수도 있으며, 구미 영화를 우리 식으로 만드는 방법을 모색하기도 합니다. 비평 역시

---

12) 손희정, 「맘충의 역습 – 모성 복수극의 새로운 국면 그린 〈비밀은 없다〉」, 《씨네21》 2016-07-13.http://www.cine21.com/news/view/?mag_id=84662

이런 시각에서 행해지는데, 다음을 볼까요.

〈괴물〉은 식민화된 서울의 기형적 현상을 곳곳에 병치하
는데 영화에 등장한 서울은 한국 정부가 통치하는 메트로폴
리스가 아니라 미국이 지배하는 공간이다. 영화에서 괴물의
출몰 후, 괴물의 바이러스에 대한 경고 및 바이러스를 죽이
는 에이전트 옐로우 개발과 살포에 이르기까지 모든 결정은
미국에 의해 내려지고 한국의 군대와 경찰은 이를 실행하는
하수인에 불과하다. 의학과 과학의 지식을 앞세운 미국의
권력은 방송 미디어, 병원, 군대를 통해서 행해진다. 방송을
통해서 전파되는 미국의 발표 내용만이 한국인이 괴물에 대
해 알 수 있는 유일한 정보이다.

식민권력의 시녀 노릇을 하는 방송과 병원과 군대는 주인
공 가족을 통해 보여지듯, 괴물을 잡기보다는 힘없는 개인을
탄압하는데 더 혈안이 되어 있는 모습을 보여준다. 미셸 푸
코가 지적한 대로, 개인 주체에게 근대적 규율을 내면화시키
는 방법은 학교, 병원, 감옥, 군대라는 공권력을 통해서이며,
개인을 억압하는 규율과 공권력의 횡포는 〈괴물〉을 관통하
며 지속적으로 등장한다. [13]

---

13) 서인숙, 『한국영화 속 탈식민주의 ─ 한과 신파를 말하다』, 글누림, 2012, 220-
221쪽.

봉준호 감독의 〈괴물〉(2006)

탈식민주의와 영화에 대한 책을 발간했던 평론가 서인숙은 봉준호의 〈괴물〉(2006)을 탈식민주의 방법으로 독해하고 비평합니다. 사실 봉준호만큼 탈식민주의 방법으로 비평하기에 적합한 감독도 없습니다. 그는 미국 장르 영화의 틀을 빌려와 노골적으로 비틀어버리면서 끊임없이 남한 사회의 문제점을 미국과의 연관 속에서, 또는 구미 중심의 신자유주의 질서 속에서 재현합니다. 그래서 봉준호가 보기에 우리가 처한 문제의 핵심은 우리도 변해야 하겠지만 그보다는 미국을 중심으로 한 세계의 패러다임이 바뀌어야 변할 수 있다는 것입니다. 서인숙은 이런 사실을 직시하고 〈괴물〉에 그려진 남한의 모습이 어떻게 미국의 신식민지인지 설명하면서 미셸 푸코(Michel Foucault)의 규율에 대해 이야기합니다. 봉준호의 〈괴물〉을 본 분들은 이런 해석에 동의하지 않을 수 없을 것입니다.

III. 비평 쓰는 법

1. 창의적 비평

만약 저에게 가장 매혹적인 비평을 꼽으라면 주저하지 않고 창의적 비평이라고 할 것입니다. '창의적(創意的) 비평'이라니, 도대체 무엇을 의미하는 것일까요? 사전적 의미로는 "새로운 생각이나 의견을 가진" 것을 의미합니다. 아직도 좀 추상적이지요. 이렇게 말할 수 있을 것 같습니다. 기존 텍스트를 새롭게 해석하는 비평일 수도 있고, 비평가의 새로운 관점이 드러나는 비평일 수도 있으며, 문체나 글의 전개에서 매우 독특하면서 새로운 비평일 수도 있고, 사유 체계가 새로워 매우 유의미한 비평일 수도 있으나, 무엇보다 이 모든 것을 아우르는 비평일 것입니다. 여기서 핵심은 기존의 것과 달리, 새로운 생각이나 의견이 매우 흥미롭게 펼쳐지고 있어야 한다는 것이죠.

왜 비평에서 새로운 생각이나 의견이 있어야만 할까요? 어찌 생각해 보면, 이것은 당연합니다. 저는 이미 앞에서 누구나

다 알고 있는 사실을 굳이 비평할 필요는 없다고 했습니다. 이것은 지극히 당연하지만, 매우 중요한 말이기도 합니다. 가령 특별한 소재를 발굴하거나 새로운 사실을 알고 있지 않으면서 자연을 보호해야 한다는 주제로 글을 쓸 필요는 없습니다. 왜냐하면 자연을 보호해야 한다는 것은 누구나 다 알고 있는 사실이기 때문입니다. 오히려 논증에 자신이 있어 자연을 보호하지 말아야 한다는 주장을 펼친다면 창의적인 글이 될 수 있습니다. 그러나 이것은 궤변(詭辯)이 될 확률이 매우 높습니다. 비평은 궤변이 결코 아닙니다. 영화 비평에는 창의적인 사고와 논리가 내재해 있어야 합니다. 누구나 다 알고 있는 내용을, 누구나 다 구사할 수 있는 문체로 쓸 필요는 없습니다. 누구나 다 알고 있는 방식의 전개를 선호할 필요도 없습니다. 게다가 누구나 다 느낀 바를 비평으로 쓸 필요는 더욱 없습니다. 다른 사람들, 다른 비평가들과는 다른 문체로, 다른 전개로, 다른 주장으로, 다른 논증을 해야만 창의적인 글이 될 수 있습니다.

이 부분에서 중요한 것이 비평가의 개성입니다. 개성이 살아 있지 않은 글은 이미 죽은 글과 다름없습니다. 비평가라면 자신의 개성을 마땅히 가져야 하는데, 개성에서 중요한 것은 자신이 선호하는 영화와 예술의 경향을 창의적인 관점으로 설명하는 능력일 것입니다. 다시 말해, 자신이 선호하는 영화의 경향에 대해 고민해서 그것을 대중들에게 설명할 수 있어야 하

고, 그 설명이 흡인력이 강해야 한다는 것입니다. 이것을 가능
하게 하려면 역시 수많은 공부를 해야 할 것입니다. 예술에 대
한 여러 공부, 영화에 대한 여러 공부가 기본적으로 되어야 하
고, 그 위에 사회와 역사, 철학에 대한 공부를 얹어야 합니다.
그래서 저는 창의적인 관점을 위해 수많은 공부를 해야 한다고
앞에서 이야기했습니다. 결국 비평에서 중요한 것은 개성적인
비평가의 주장이고, 그 주장을 정당하게 만드는 것은 관점이
며, 이를 글로 표현하는 능력입니다. 비평에서 비평가의 세계
관과 인생관이 드러난다는 사실은 바로 이 맥락에서입니다. 자
신의 인생관이나 세계관과 어긋나는 비평을 하는 것은 모순이
고 위선이지요. 그래서 비평에도 진보와 보수가 갈라집니다.
그리고 (당연한 이야기지만) 진보적인 영화를 선호한다면, 그
것을 주장하는 비평가의 삶 역시 진보적인 세상을 위해 노력해
야 할 것입니다. 아래 글을 보겠습니다.

　도시는 영화다. 프레드릭 제임슨은 도시는 점점 더 영화
를 닮아간다고 말했다. 도쿄는 리들리 스콧의 〈블레이드 러
너〉SF영화처럼 보인다. 로스앤젤레스는 빔 벤더스의 〈파
리-텍사스〉의 세트 같다. 뉴욕은 점점 더 바보 같아지면서
팀 버튼의 〈배트맨〉에 나오는 고담시를 닮아가고 있다. 파
리는 이미 레오 카락스가 만들어낸 〈퐁네프의 다리〉에서 바

라본 그 어딘가처럼 여겨진다. 홍콩은 어두운 심야 속의 명멸하는 빛 속에서 왕자웨이(王家衛)의 〈중경삼림〉처럼 중국 반환을 기다리고 있다. 베이징은 장위엔의 〈북경잡종〉 중심에 있는 천안문 앞거리처럼 보인다. 그리고 지금 우리의 거리는 스펙터클이다. 전투경찰이 거리를 달려가고, 곳곳에서 검문이 벌어지고 있다. 성당에 많은 사람들이 모여 어깨동무하고 선언문을 낭송한다. 여전히 페퍼포크는 안개처럼 도시를 감싼다. 방송국은 아무 일 없는 것처럼 그룹 H.O.T의 댄스음악을 태평스럽게 틀어놓고, 그 방송국 앞에서는 방송국 직원들이 파업 중이다. 그 너머 전광판에는 뉴스와 광고가 휘황찬란하게 빛난다.

여기가 우리의 나라, 대한민국의 서울이다. 그래서 서울을 영화처럼 읽어낸다면 그건 한편으로 일마즈 귀니의 〈욜〉이며, 동시에 코스타 가브라스의 〈Z〉다. 이것이 우리 포스트모던의 조건이며, 후기자본주의라고 부르는 세계체제 내의 역사 속에서 주어진 시간이며, 우리가 세계화돼 가는 방식이다. 단 6분만에 우리는 민주주의의 죽음을 목격했다. 이 황당무계한 뒤죽박죽의 역사는 정말로 칸영화제 그랑프리 감일지도 모른다. 우리는 어쩌면 플래시 백(영화에서의 회상 장면)의 시간 속에 빠져든 것으로 착각할 정도다.

그러나 아무리 기다려도 주인공들이라곤 악인들밖에 등

장하지 않는 이 영화는 끝날 것 같지 않다. 이젠 정말로 이 저질 정치영화(!)가 끝나고 불이 들어와 밝은 바깥으로 나가고 싶다. 아니 어쩌면 이미 바깥이라고 생각했던 우리가 다시 영화관 안에 앉아 있었다는 사실을 깨달았을 때의 그 황당함이란 무어라고 설명할 수 있을까. 문민정부라는 말은 정말로 시뮬라크라(모조)의 가장 좋은 예가 되는 것일까. 아니면 이미 예정돼 있던(그러나 정말로 아무도 원치 않던) 속편이 시작되는 것일까.

이 이상한 스펙터클의 시대는 우리의 모든 믿음을 뒤흔들어놓고 있다. 해피엔딩 따위란 어디에도 없을 것이다. 그 어떤 등장인물도 배신과 타협, 위선과 능수능란한 변신으로 다들 주연상을 노리고 있다. 오직 그것만이 관심이다. 관객들이 무어라고 하건 그건 아무래도 상관이 없는 것 같다. 우리는 이 이야기가 도대체 기승전결의 어디쯤 와 있는지조차 가늠할 수 없다. 아니 끝나기는 할 것인가.

우리는 이 지루한 영화를 거부하고 비판할 권리가 있다. 왜냐하면 이 영화관에 입장료를 지불하고 입장했기 때문이다. 그래서 신명이 절로 나며 감동으로 해피엔딩을 맞이하는 영화로 바꾸라고 요구할 수 있다. 그런데도 자꾸 이 저질 정치영화를 계속 보라고 우기는 저 뻔뻔한 제작자는 도대체 무얼 믿고 저러는 것일까. 우리는 정말 환불소동이라도 일

으켜야 한단 말인가. 더 나아가 그 환불금액으로 우리가 성
금을 모아 우리의 정치영화를 만들어야 한단 말인가. 영화
는 모두가 함께 보는 것이다. 우리는 지금 컬트 정치영화를
원하는 것이 아니다. 그걸 잊으면 안 된다.[14]

좀 길지만 전문을 인용했습니다. 앞부분이나 뒷부분을 생략
하거나 중간 부분을 생략하기 싫을 정도로 글이 한 번에 읽히
기도 하지만, 특정 부분을 생략하면 비약이 되기 때문에 전문
을 인용한 것입니다. "도시는 영화다"라는 선언적인 첫 문장에
서 시작해, "그걸 잊으면 안 된다"라는 부탁조의 마지막 문장에
이르기까지 글은 하나의 이야기를 매우 현학적이면서 수사학
적으로, 그러면서도 일목요연하게 주장하고 있습니다. 1997년
에 쓴 정성일의 이 글을 처음 읽고 저는 무척이나 큰 충격을 받
았습니다. 그때까지만 해도 저에게 영화 비평은 작품론이나 작
가론, 장르론 등에 대해 사유하고 논하는 것으로 인식하고 있
었는데, 이렇게 짧은 지면에 이토록 많은 이야기를, 게다가 사
회적인 이슈를 영화적 시선 안에 담아 너무도 흥미로운 방식으
로 할 수 있다는 것이 놀랍고도 놀라웠습니다. 제가 정성일을
최고의 비평가로 생각하는 것은 바로 이런 글을 썼기 때문입니

14) 정성일, 「〈필름&필링〉 영화를 닮아가는 도시들」, 《중앙일보》 1997-01-25.

다. 이런 글을 쓸 수 있는 거의 유일한 비평가이기 때문입니다. 영화 비평을 통해 사회를 사유할 수 있다는 것, 그것도 영화를 통해 더 살기 좋은 세상에 대해 깊이 고민할 수 있다는 것을 보고 저는 정말 많이 배웠습니다.

이 글에서 정성일은 당시 한국에서 유행했던 포스트모더니즘 이론을 끌고 들어옵니다. 맑시스트이자 포스트모더니스트인 프레드릭 제임슨(Fredric Jameson)의 주장으로 당시 한국 사회를 영화라는 틀로 사유하려 합니다. 기습적인 노동법 날치기로 민주주의가 죽어버린 세상을 독재를 다룬 외국의 유명 영화에 비유해 설명한 후, 다시 또 다른 포스트모더니즘의 대표적인 이론가 장 보드리야르(Jean Baudrillard)의 이론으로 원본 없는 복제가 진행되고 있는 한국 사회, 즉 이제껏 어떤 나라에서도 보여주지 못한 괴상한 세계화를 진행하고 있는 한국 사회를 설명하려 합니다. 그러니까 정성일은 후기 구조주의의 대표 이론가 두 사람의 시각에서 후기 자본주의의 남한 사회를, 영화라는 인식틀로 비판하고 있는 것이지요. 다시 말해, 정성일은 프레드릭 제임슨으로 시작해 장 보드리야르를 거친 후 다시 프레드릭 제임슨으로 귀결해 1997년의 남한 사회를 영화적으로 비판하면서 대안을 제시하려고 했던 것입니다. 당시 강하게 불었던 후기 자본주의와 세계화 바람은 결국 허상일 뿐이며, 그 허상에서 벗어나 노동자와 민중이 주인이 되는, 인간다운 세상으로 나아가야 한다고 본 것입니다.

당시 제가 어설프게 하던 사회과학 공부를 정성일은 이렇게 명확하게 영화에 적용할 수 있다는 것이 놀라웠고, 그것을 표현하는 문체의 흡인력이 강했으며, 비유와 열거, 대구가 종횡무진으로 구사된 문장이 매력적이었지만, 무엇보다 이런 사유를 이토록 짧은 지면에 자유롭게 구사할 수 있는 창의적인 사유가 놀라웠습니다. 결국 창의적인 비평은 기존의 비평과는 다른, 창의적인 관점에서 비평을 둘러싼 모든 것을 고민해야만 쓸 수 있다는 것을 저는 아프게 깨달았습니다. 독자들이 도저히 이해하기 어려운 글을 쓰는 것이 아니라 공부한 것을 적절하게 펼치면서 상황을 정확히 직시하도록 만드는 비평이 창의적인 비평일 것입니다. 난해한 이론을 난해하게 설명하는 비평가는 단언컨대 좋은 비평가가 아닙니다. 그도 난해한 이론을 제대로 이해하지 못했음에 분명합니다. 좋은 비평가는 난해한 이론을 현실에 적용해 대중들이 알 수 있게 설명하면서, 현실과 이론이 결코 동떨어진 것이 아니라는 것을 증명하는 사람입니다. 바로 그렇기 때문에 비평은 참으로 어렵습니다.

2. 실제 비평 쓰는 팁 ① - 비평이 갖춰야 할 것들

어쩌면 지금부터 하는 말이 이 책의 핵심이 될 것 같습니다. 그런데 이 챕터를 쓰는 저로서는 참으로 두렵습니다. 실제 비평을 쓰는 팁을 준다는 것이 과연 가능하기나 한 것인지 두렵기고 하고, 평단 말석에 있는 제가 그런 말을 할 자격이 있는지도 두렵기 때문입니다. 세상에는 이미 글쓰기에 대한 수많은 책들이 존재합니다. 그런 책들의 더미 속에 파묻혀 저는 생각합니다. 과연 이 책들을 읽으면 실제로 글을 잘 쓸 수 있을 것인가? 더 나아가, 글을 잘 쓰는 법을 저술한 저자들의 글은 과연 좋은 글인지 의문이 들 때도 적잖이 있습니다. 비평을 지속한 시간은 꽤나 되지만, 여전히 좋은 비평이란 무엇인지, 과연 내가 괜찮은 비평을 하고 있는지 항상 의심하고 있는 제가 이런 책을 써도 되는지 두려움이 다시 입니다. 때문에 이 책은 비평에 대한 제 고민의 결과일 따름입니다. 그 이상도 그 이하도 아닙니다. 꽤 오랫동안 비평을 해온 사람이 그동안 고민한 것을 마음 가는 대로 적은 것이라고 생각해 주시면 감사하겠습니다. 결코 가르치려고 적은 것이 아닙니다.

학창시절 비평을 공부하면서 가장 큰 도움이 된 것은 좋은 글을 많이 읽는 것이었습니다. 선생님이나 선배, 동료들이 추천한 좋은 글을 '무조건' 많이 읽었습니다. 그리고 동시에 생각했습니다. 과연 좋은 글이란 무엇인가, 왜 이 글을 좋은 글이라고 나에게 추천한 것일까? 인터넷이 없던 시절이라 일간지를 복사해 가지고 다니면서 읽기도 하고, 주간지나 월간지, 계간지의 비평을 복사해 스크랩을 만들어 읽기도 했습니다. 비평가들의 글을 필자마다 파일로 따로 정리해 읽으면서 각 비평가들의 특징에 대해 생각하고 고민하기도 했습니다. 이때 저에게 도움이 된 것 가운데 하나는, 읽는 것에 그치지 않고 제가 좋아하는 비평가의 글을 필사해 보는 것이었습니다. 볼펜으로 필사하기도 하고, 컴퓨터에 타이핑하며 필사하기도 했는데, 필사를 하다보면 단어 하나에서부터 문장, 구조, 글의 전체적인 연결고리 등이 선명히 눈에 들어옵니다. 글의 감각이 마치 나의 것이 되는 것 같은 생각이 들지요. 가령 비평가가 주장을 강화하기 위해 특정 단어를 어떤 위치에서 사용하고 있는지, 그것이 왜 큰 힘을 발휘하는지 파악할 수 있었습니다(이 책을 저술하면서 몇몇 비평가의 비평을 컴퓨터에 타이핑하며 참으로 행복했습니다). 이후 동료들과 비평을 공부하고 습작하고 품평회를 할 때 제 글이 어떤 비평가의 글과 닮았다는 것을 알게 되었고, 그것으로부터 벗어나 저의 개성을 넣으려 노력하기도 했습니다. 결국 저에게 비평은, 좋아하는 비평가의 글을 필사하면서 그 글의 장점을 파악한 뒤 다시 그 글에 저만의 색채를 입히는 작업이었습니다. '모방은 창조의 어머니'라는 말이 있지요.

그 말이 저에게는 비평의 모토였던 것입니다. 때문에 저는 비평 지망생들에게 이 방법을 권하고 싶습니다. 필사는 우리가 생각하는 것보다 훨씬 많은 것을 깨닫게 해줍니다.

당연한 말이지만, 필사를 열심히 하더라도 기본적인 비평의 전략에 대해서는 알고 있어야 합니다. 그러니까 무조건 필사하지 말고 각 비평가가 어떤 전략을 구사하면서 각 비평의 영역을 만들어 나갔는지 생각하면서 필사해야 한다는 것입니다. 이 것은 다시 비평이라는 물음과 닿아 있습니다. 이 물음은 무엇이 비평인가, 라는 질문이 아니라 어떻게 비평해야 하는가, 라는 질문과 닿아 있습니다. 어떻게 비평할 것인가, 라는 물음. 이 물음의 답을 위해 이제부터는 비평하는 방법들을 몇 가지 소개할까 합니다.

비평을 할 때, 가장 쉬우면서 꼭 해야 할 것은 비평 대상을 간략하게라도 소개하는 것입니다. 물론 상세히 소개해도 좋습니다. 비평 대상이 무엇인지 독자가 알고 있어야 계속해서 글을 읽을 수 있습니다. 가령 문학 작품이라면 누구의 어떤 작품인지, 왜 비평하고자 하는지 등을 설명해야 합니다. 영화라면 누구의 어떤 영화인지 설명해야 하고, 무엇보다 왜 그 작품을 비평의 대상으로 삼았는지 설명해야 합니다. 아래를 볼까요.

⟨사이비⟩는 사회 문제를 다루면서 니체적인 질문을 제기

연상호 감독의 〈사이비〉(2013)

한다. 우리는 진실을 견딜 수 있을까. 환상을 부수고 난 다음 '진리의 낙원' 대신 찾아오는 '무지, 진공, 황야'를 살아낼 수 있을까. 그 두려움의 자리에 환상과 기만이 초대된다. 문제는 해결되지 않았고, 악은 응징되지 않는다. 잊기 힘든 무시무시한 결말이다.

그러므로 〈사이비〉는 최악의 인간과 더 나쁜 인간의 이야기일 뿐만 아니라, 평온한 얼굴로 영면한 아내의 시신 앞에서 "그게 가짜면 이 평화로운 얼굴은 뭐에요"라고 담담하게 반문하는 칠성, 자신을 지키는 것과 신앙을 지키는 것을 구별하지 못해 결국 미치광이 살인마가 되어버린 젊은 목사, 그리고 진실을 알기 전에 삶을 포기한 가련한 소녀의 이야기이기도 하다. 인물들이 너무도 적절한 시간에 도착하는 클라이맥스에 장르적 과장이 있다 해도, 〈사이비〉는 단단하고 명석한 서사의 영화다. (중략)

하지만 〈사이비〉는 훌륭한 영화인가. 많은 장점들에도 불구하고 그렇다고 대답하기에 망설여진다. 그 망설임에 관해 말하고 싶다. 〈사이비〉는 애니메이션이다. 그런데 이 영화를 본 사람들은 모두 실사 영화를 본 것처럼(더 정확하게는 마치 하나의 이야기를 읽거나 들은 것처럼) 말한다. 실은 나도 위에서 그렇게 말했다. 하지만 그렇게 말하는 것이 타당한가.15)

허투루 글을 쓰지 않는 비평가 허문영이 쓴 〈사이비〉(연상호, 2013) 비평입니다. 이 글에서 허문영은 많은 영화 가운데 왜 굳이 〈사이비〉를 텍스트로 다루는지 설명합니다. 먼저 허문영은 〈사이비〉가 "단단하고 명석한 서사의 영화"라고 주장하면서 그 근거를 밝힙니다. 사회의 악이 해결되는 일반적인 장르 영화의 서사나 결말과 달리 〈사이비〉는 니체적인 질문을

---

15) 허문영, 『보이지 않는 영화』, 강, 2014, 226-228쪽.

던지면서, 문제는 해결되지 않고 악인은 응징되지 않은 서사를 적절하게 진행하다가 정확히 클라이맥스에 도달한다고 했습니다. 그런데 칭찬을 하던 그가 갑자기 질문을 시작합니다. 과연 "〈사이비〉는 훌륭한 영화인가"라고. 그리고 자문에 자답합니다. "망설여진다"라고. 이제 허문영은 왜 망설여지는지 말하고 싶다고 적었습니다. 이렇게 보면 허문영은 비평의 초입부에서 충분히 독자들의 흥미를 끌 만한 글을 썼다는 사실을 인정하지 않을 수 없습니다. 우리는 이 부분만 읽고도 허문영이 앞으로 영화에 대해 어떤 말을 할 것인지 짐작할 수 있습니다. 그리고 은근히 기대하게 됩니다. 비평에서 중요한 것은 바로 이 기대감입니다. 더 읽고 싶게 만드는 힘, 그것이 없는 비평은 '죽은' 비평입니다.

실제 비평에서 기본이 되는, 어떤 텍스트를 어떤 시각에서 비평할 것인지 밝히는 것은 생각보다 쉽지 않습니다. 왜냐하면 어떤 텍스트를 어떤 시각에서 비평할지 밝히려면 비평의 방법론이 등장해야 하고, 그 방법론으로 읽을 영화에 어울리는 방식으로 글의 초입을 작성해야 하기 때문입니다. 이렇게 하려면 충분한 공부가 되어 있어야 합니다. 특정 영화를 특정 방법론으로 비평하려면, 특정 영화가 특정 방법론에 맞는지 공부가 되어 있어야 한다는 말입니다. 이런 상황에서 어떤 방식으로 독자들에게 말을 건넬지 고민해야 합니다. 결국 첫 문장, 첫 단어를 고민해야 하고(글의 첫 단어, 첫 문장의 중요성과 실제 작성에 대해서는 다음 챕터에서 다루겠습니다), 이것을 어떻게 전개할지 고민해야 합니다. 동시에 글의 전체 얼개를 고민해야 합니다. 이렇게 보면, 특정 영화를 어떤 시각에서 비평할지 결정이 되면 바로 글의 전체 개요를 작성해야 한다는 결론이 나옵니다. 그렇습니다. 비평은 이렇게 한꺼번에 여러 과정이 동시에 진행됩니다. 그래서 특정 영화를 어떤 시각에서 비평할지 결정되면 글의 절반은 이미 써진 것입니다. 아니면 그 시각에 대해 책을 읽고 고민을 하면서 천천히 개요를 작성할 수도 있습니다.

둘째, 비평문을 작성할 때는 반드시 비평 대상이 되는 영화의 기본적인 정보를 제공해야 합니다. 이것 역시 매우 중요합니다. 일간지나 주간지에 주평을 쓰는 경우라면 대부분 개봉하고 있는 영화에 대해 평을 쓰기 때문에 많은 설명을 할 필요는 없습니다. 그러나 텍스트가 된 영화가 꽤 오래된 영화거나, 대중들이 잘 알지 못하는 영화라면 당연히 설명해야 합니다. 아래 글을 보시죠.

변두리 오래된 술집 혹은 재래식 가옥에 들어선 느낌을 받을지도 모른다. 배우들의 더벅머리나 초보적인 특수 효과, 구태를 간직한 소품들에 실망할 수도 있다.

김기영 감독의 〈이어도〉(1977)

보는 이의 탓만은 아니다. 정확히 20년의 세월이 김기영 감독의 〈이어도〉(1977)와 오늘 우리 관객 사이에 끼여 있으니. 그러나 조금 더 오래 〈이어도〉를 들여다보고 있노라면 아마도 시간의 두께를 뚫고 새어나오는 무서운 투시의 시선을 느낄 수 있을 것이다. 최근 속도전에 경사된 우리 영화들이 결코 이루지 못한 인간의 욕망과 운명에 대한 치열한 통찰, 죽음을 향한 타나토스를 거침없는 에로스로 뛰어넘는 장대한 예지의 선언, 주술·자연과 과학을 교직시킨 치밀한 감각, '회고전'의 이름을 달고 나왔지만 김기영은 회고의 대상이 아니다. 추억의 자리에 머물기에는 너무 뜨겁고 역동적이다.

〈이어도〉를 다시 보는 것은 잊혀진 스타일리스트의 영화를 '새롭게' 음미하는 일이며, 뒤늦게나마 한국 영화에 관한 논쟁을 시작하는 일이다.[16]

---

16) 김정룡, 「[영화리뷰] 김기영 감독 회고전 〈이어도〉를 보고」, 《중앙일보》 1997-01-29.

지금은 활동을 완전히 접고 비평가들과 소식조차 단절된, 하지만 1990년대 중후반에서 2000년대 초반까지 누구보다 왕성하게 활동했던 비평가 김정룡의 비평으로서, 김기영 감독의 〈이어도〉(1977)에 대해 쓰고 있습니다. 영화가 개봉된 지 20년이나 지난 뒤 회고전의 형식으로 상영되고 있는 것을 감안해 낭만적인 수사로 도입부를 시작했지요. "변두리 오래된 술집 혹은 재래식 가옥에 들어선 느낌을 받을지도 모른다."라고. 그러면서 그런 분위기가 오래된 영화이기에 당연시될 수 있다고 합니다. 그러나 이후 그는 본격적으로 왜 자신이 이 영화에 대해 비평해야 하는지 설명합니다. 열거로 된 꽤 긴 문장의 이 설명이 사실 비평의 핵심입니다. 20년이나 지난 영화를 왜 비평 대상으로 삼았는지 이 문장 하나만으로도 우린 충분히 알 수 있습니다. 이후 강조하듯이 김정룡은 "〈이어도〉를 다시 보는 것은 잊혀진 스타일리스트의 영화를 '새롭게' 음미하는 일이며, 뒤늦게나마 한국 영화에 관한 논쟁을 시작하는 일"이라고 거의 선언적으로 단정해 버립니다. 이처럼 대중들이 잘 알지 못하는 영화라면 감독과 영화에 대해 설명하는 것이 반드시 필요합니다. 이때 중요한 것은 비평하고 있는 현재 시점에서 왜 비평 대상인 영화를 비평해야 하는지 충분히 설명해야 한다는 것입니다. 이 글처럼 말이죠.

저는 비평을 할 때 기본적인 정보를 초반에 제공해야 한다고

했습니다. 이때 영화에서 기본이 되는 정보란 영화의 간략한
내용이나 장르, 감독이나 주요 배우에 대한 정보일 것입니다.
관객들이 영화를 선택할 때 이야기의 패턴인 장르나 그것을 만
든 감독, 출연하는 배우 등에 초점을 맞추듯이(그래서 영화홍
보사의 주요 업무는 영화에 대한 이런 정보를 관객들이 최대한
자세히 알 수 있도록 노출하고 홍보하는 것입니다), 비평을 읽
을 때에는 아직 관람하지 않은 영화라도 독자들이 흥미를 갖고
볼 수 있도록 기본적인 정보를 주어야 합니다. 물론 이런 정보
역시 비평가의 단순한 요약이 아니라 비평가의 관점이 드러난
개성적인 문체로 제시해야 합니다. 가령 작고한 이영일 비평가
는 김기영 감독을 "마성의 미학"을 그린 감독이라고 칭했습니
다. 얼마나 적절하고 멋진 단어인가요? 이런 단정을 보면 질투
심이 날 정도입니다. 그렇습니다. 비평을 잘하려면 이런 문장
에 질투가 나야 합니다. 다음 소개할 글은 드물게 볼 수 있는,
영화배우에 대한 글입니다.

대체식품이란 게 있다. 버터가 없으면 마가린, 소고기가
없으면 돼지고기, 우유가 아니면 두유. 그러나 배두나는 대
체할 누군가를 찾을 길 없는 배우다. 노란 모자티 끈을 질끈
동여매고 강아지 한 마리를 구하기 위해 필사적으로 뛰던 소
녀의 뒷모습에, 머리에 손전등을 붙이고 보호소에서 출감하

박찬욱 감독의 〈복수는 나의 것〉(2002)

는 친구를 기다리며 담배를 꼬나물고 소설책을 읽던 친구의 얼굴 위로 도저히, 다른 배우의 이름이 겹쳐지지 않는다. (중략)

배두나는 영리한 배우다. 유난히 욕심도 많기도 하지만 그 욕심을 어떻게 풀어야 하는지 방법도 정확하게 알고 있다. 쿨과 신파 사이 감정을 측량하는 저울과 근경과 원경을 동시에 보는 밝은 눈과 나아갈 방향을 정하는 나침반과 오버로 넘지 않을 만큼의 귀여운 망가짐을 재는 정확한 자 하나를, 계산이라기보다는 본능적으로 그는 마음에 품고 있다.(중략)

그에게 '최고의 배우'라는 타이틀은 아직 미래를 위해 남겨둬야 마땅한 칭호다. 측량할 수 없는 배두나의 다른 모습들은 아직 인사조차 건네지 않았기 때문이다. 정점에 오른 '올해의 배우'보다는 늘 한 자락 희망과 가능성을 숨겨둔 그를, 올해도 '기대주'로 조금만 더 묶어두고 싶은 것도 이런 연유다.17)

〈복수는 나의 것〉(박찬욱, 2002)에 출연했던 배두나를 인터뷰하며 쓴 영화 기자 백은하의 글입니다. 제가 영화에 대해 이런저런 글을 쓰면서 가장 힘들었던 것 가운데 하나는 배우에 대해 쓰는 것이었습니다. 감독은 특정한 영화 세계가 있어 그것을 밝히면 되는 반면, 배우들의 연기는 여러 장르와 여러 감독을 넘나들어 폭이 매우 넓습니다. 게다가 배우의 연기를 쉽게 단정하기도 어렵습니다. 제가 배우론을 거의 쓰지 않거나 쓸 수 없는 이유는 바로 이 때문입니다. 그런데 이 글은 그렇지 않습니다. 배두나라는 배우에 대해 명확하게 짚고 있습니다. 이 짧은 글만 봐도 배두나의 연기 세계가 보일 지경입니다. "대체식품이란 게 있다", "그러나 배두나는 대체할 누군가를 찾을 길 없는 배우다"라는 문장은 얼마나 발랄하면서 감성적인 문장인가요? 이런 문장은 누구나 쓸 수 있는 게 아닙니다. 둘째 문단의 "쿨과 신파 사이 감정을 측량하는 저울과 근경과 원경을 동시에 보는 밝은 눈과 나아갈 방향을 정하는 나침반과 오버로 넘지 않을 만큼의 귀여운 망가짐을 재는 정확한 자 하나를, 계산이라기보다는 본능적으로 그는 마음에 품고 있다."라는 문장은 또 어떤가요? 〈복수는 나의 것〉에서 배두나가 어떤 역할을 맡았는지, 그녀가 주로 맡는 역할은 무엇이었는지 이 글만 봐

---

17) 백은하, 「2000년에 '연기 스무살'이 될 〈복수는 나의 것〉의 배두나」, 《씨네21》 2002-01-02. http://www.cine21.com/news/view/?mag_id=6496

도 우리는 알 수 있습니다.

셋째, 실제 비평에서는 텍스트에 대한 기본 정보를 제공하는데 그 가운데 많은 것은 감독에 대한 것입니다. 앞 장의 작가주의에서 저는 영화의 주체는 감독인 경우가 많다고 했습니다. 그래서 관객들도 감독을 보고 영화를 선택하는 경우가 많습니다. 감독의 영화 세계는 크게 변하지 않습니다. 그래서 공통적인 특징을 지닌 작가주의가 되기도 하고, 특정한 틀에 갇힌 매너리즘이 되기도 하지만, 중요한 것은 실제 비평에서 감독을 중심에 두고 글을 쓰는 것이 여러 모로 의미가 있다는 것입니다. 감독을 중심에 두고 글을 쓸 때에는 작가론적 입장에서 쓰는 것이 아니라 새로 개봉하는 영화에 맞추어 쓰는 경우가 많아 특정 감독의 영화 세계를 짚으면서 텍스트가 된 영화의 공통점과 차이점을 논하는 것이 좋습니다. 가령 특정 감독의 영화 세계의 특징은 무엇인데, 신작은 그것과 어떤 점에서 궤를 같이하지만, 어떤 점에서는 궤를 달리한다고 비평하는 것입니다. 다음을 보시죠.

김기덕은 〈아리랑〉에서 자살을 했다. 그런 다음, 다시 태어나고 싶은 소망을 담으려는 듯 영화 〈아멘〉을 찍었다. 이 영화에서 여자는 유럽 여행 중 기차에서 괴한에게 성폭행을 당하고 임신을 한다. 그녀가 배 속의 아이를 거부할 때, 괴한

김기덕 감독의 〈아멘〉(2011)

으로 추정되는 남자가 방독면을 쓰고 나타나 집요하게 자신을 위해 아이를 낳아달라고 애원한다. 김기덕 영화의 여주인공들이 그러하듯, 그녀는 결국 낙태를 포기하고 남자의 요구를 받아들인다.

하늘에서 시작해 지상으로 하강하는 이 영화는 성모마리아의 수태를 김기덕 식으로 해석했다고 볼 수 있다. 여자 역을 맡은 김예나는 르네상스 회화 속 성모마리아의 모습을 닮았다. 여자가 임신을 예감하는 장면 중, 전경에는 여자의 뒤통수가 보이고 후경에는 성당 꼭대기의 천사 가브리엘상이 보이는 쇼트가 있다. 가브리엘이, 성모마리아에게 했던 것처럼, 여자에게 수태를 알리는 장면이다. 여자가 낙태를 망설일 때, 그녀는 십자가에 달린 예수와 그 옆의 마리아상을 본다. 아이를 낳기로 결심한 후, 그녀는 성당에 가서 아기 예수를 안은 성모마리아상을 보며 기도를 한다. 이때 남자가 나타나 기도를 하고 죗값을 치르기 위해 경찰서로 간다. 여자는 남자의 군복과 방독면을 착용하고, 그렇게 남자와 하나가 되어 여행을 계속한다.

다음 영화 〈피에타〉에서, 미선의 아들 상구는 악덕 사채업자의 하수인인 강도에게 시달리다 자살을 선택한다. 〈아멘〉의 여자가 낳은 아이는 결국 그렇게 자본주의 사회의 희생양이 되고 만 것일까? 그래서 여자/미선은 죽은 예수를 안고 비탄에 빠진 성모마리아(피에타)를 지금 여기서 반복하고 있는 것일까? 구원은 끝내 찾아오지 않았고, 여자/미선은 성모마리아의 고통을 답습해야 한다.[18]

논란이 많은 감독 김기덕에 대해, 그것도 그의 여성 재현에 대해 여성 비평가 김경욱이 비평한 부분입니다. 김경욱은 〈아리랑〉(김기덕, 2011), 〈아멘〉(김기덕, 2011), 〈피에타〉(김기덕, 2012) 등에 나타난 자살과 성폭행을 비평하면서 기독교적 사상을 이야기합니다. 김경욱이 보기에 김기덕 영화는 근본적으로 기독교적 사상을 바탕으로 하고 있는데, 세 영화 가운데 특히 〈아멘〉과 〈피에타〉에 강하게 나타난다고 보았습니다. 가령 〈아멘〉에서 마리아의 수태고지를 재현한 듯한 임신 예감 장면을 상세히 묘사한 뒤, 〈피에타〉에서 자살한 아들을 안고 오열하는 어머니의 장면과 연결하면서, 공통된 정서인 기독교

---

18) 김경욱·장병원, 『김기덕, 홍상수』, 본북스, 2015, 44-46쪽

를 재발견합니다. 결국 김기덕 영화가 그리는 것은 "구원은 끝내 찾아오지 않았고, 여자/미선은 성모마리아의 고통을 답습해야 한다"라는 것이라고 합니다. 한 영화가 작가론적 입장에서 다음 작품과 어떻게 연결되는지 잘 보여주고 있습니다.

　작가론적 입장에서 비평할 때 주의할 것은 감독의 영화 세계를 정확히 파악하고 있어야 한다는 것입니다. 감독의 전작(全作)을 관람해 자신이 생각하는 주요 특징을 세밀히 알고 있어야 하고, 기존 비평가의 비평을 읽어 어떤 평가를 받고 있는지 알고 있어야 하며, 무엇보다 나만의 시각에서 어떻게 비평할 것인지 고민해야 합니다. 이런 준비 뒤에서야, 신작을 관람하고 비평을 해야 합니다. 대개 신작에 대한 비평은 시사회에서 한 번 보고 써야 하는 경우가 많아 순간적인 인상에 기대야 합니다. 그래서 짧은 글의 경우 인상비평에 치우치는 경우가 많은데, 저는 인상비평을 그리 나쁘게 보지는 않습니다. 이론적 방법론으로 무장된 상태에서 쓰는 것이 아니라 영화를 단번에 보고 순간적으로 느끼는 인상에 바탕을 두고 쓴 글이라 체계적이지 않지만, 인상비평이야말로 비평의 가장 높은 단계가 아닌가 생각합니다. 공부가 많이 된 비평가, 예술적 감각이 뛰어난 비평가가 쓸 때 좋은 글이 나오겠지요. 문제는 그렇지 않은 비평가들이 쓴, 질이 낮은 인상비평입니다. 어차피 많은 비평가는 인상비평을 써야만 하는데, 인상비평에 적합하지 않은 글을 쓰는 비평가는 인상비평이 고된 작업이 될 수밖에 없습니다.

　넷째, 비평할 때에는 두드러진 영화의 특징을 서술해야 합니다. 다시 말해, 텍스트가 되는 영화에서 가장 중요한 지점, 즉 비평가가 하고 싶었던 이야기를 해야 한다는 것입니다. 왜 많은 영화 가운데 굳이 이 영화를 텍스트로 정했는지 이유를 먼저 밝힌 다음, 자신이 비평하고자 하는 관점에서 두드러진 그 영화만의 특징을 글로 써야 합니다. 무엇보다 하고 싶은 말이 무엇인지 정확히 써야 합니다. 실제 비평을 하다 보면 흔히 두 가지의 비평에 직면하게 됩니다. 하나는 자신이 쓰고 싶은 것을 마음대로 쓸 수 있는 비평이고, 다른 하나는 청탁받은 것만을 써야 하는 비평입니다. 전자는 대부분 특정 잡지에 연재하는 경우에 해당하는데, 이런 경우에는 개봉 영화나 특정 주제의 연재 제목 아래 비평가가 편한 대로 쓸 수 있습니다. 만약 개봉 영화를 소개한다면 영화에 대한 간략한 소개나, 많은 영화 가운데 그 영화를 선택한 이유, 감독론의 입장에서 주목해야 할 사항 등을 적지만, 무엇보다 텍스트가 되는 영화의 두드러진 특징에 주목해야 합니다. 후자의 경우는 비평가가 하고 싶은 말보다는 청탁자가 청탁한 사항을 중심으로 논의를 전개해야 합니다. 이때 중요한 것은 청탁자가 요구한 것이 무엇인지 정확히 파악하는 것입니다. 그리고 청탁자가 요구한 것이 비평가의 관심사인지 아닌지 빠르게 판단해야 합니다. 다시 말해 청탁받은 비평가 본인이 쓸 수 있는 주제인지 아닌지 분별해야 한다는 것입니다. 그리고 가능하면, 자신이 생각하는 지점과 청탁하는 이가 생각하는 지점에 대해 이야기를 나눈 뒤 방향까지 정해야 합니다. 사실 이 정도만 돼도 글은 절반 이상 쓴 것과 다름이 없습니다. 이제 남은 것은 개요를 짜면서 생각을 정리하고 영화를 보고 자료를 읽는 것입니다. 이때에도 중요한 것은 역시 두드러진 특징을 서술하는 것입니다. 가령 찬반 논쟁이 붙은 영화에 대해 청탁받았다면, 자신의 입장을 명확히 정리한 후, 누구라도 동의할 수 있는 영화의 특징을 들어 논의를 전개해야 합니다. 좋은 비평은 영화를 정확히 본 후 영화의 두드러진 특징을 명확하게 짚어내는 것입니다. 더 나아가, 특정한 시기의 영화가 지닌 공통점을 모태로 그 시대 관객들의 집단무의식적 사고와 정서들을 읽어내는 것입니다. 아래 글을 함께 볼까요.

홍상수의 영화는 언제나 꿈의 지평에 닿아 있었는데, 이 영화의 꿈이 뭐가 특별한가? 특별하다. 우선 언어가 그렇다. 안느와 등장인물들의 대화는 모두 영어로 이루어진다. 거기 한국 사람 몇 명 더해지면, 한국어가 뒤섞이기도 한다. 영어는 그들 모두에게 모국어가 아닌 외국어다. 그러나 여기서 외국어의 생경함은 핵심이 아니다. 생경함의 차원에서라면 홍상수 영화의 한국말들(술자리나 잠자리에서 나누는 낯 뜨거운 대화!)도 그에 못지않다. 영화 대부분에 상투적이고 어색한 영어들이 난무하고 있어도 신기할 정도로 그것은 전혀 어색하게 느껴지지 않는다는 게 핵심이다. 언어의 낯섦이 인물들 사이에 막을 형성하는 게 아니라, 오히려 막을 걷어내고 투

홍상수 감독의 〈다른나라에서〉(2012)

명한 순간들을 드러내는 것처럼 느껴진다. 많은 순간들을 떠올려보라. 'light house(등대)'가 어디 있냐고 안느가 물을 때마다 그녀의 질문을 알아들은 것처럼 굴던 안전요원이 진지하게 'light house'가 뭐냐고 되묻고 나서, 그들은 마주 보고 서서 온갖 부산한 의성어와 노래와 제스처로 그것을 표현하기 위해 애쓴다. 한국어와 영어가 뒤섞인 울퉁불퉁한 언어의 조각들이 두 사람 사이를 오갈 때, 아니, 미끄러질 때, 질문과 대답 사이의 간극, 그 사이의 한숨, 망설임, 애태움, 오직 그 순간, 최선을 다해 상대의 반응에만 기댄 반응이 더해지자, 여기, 가장 천진하고 활기찬 소통의 미학이 우리의

마음을 만진다. 말하자면 등대의 실체, 의미가 중요한 게 아니라, 등대를 둘러싼 무의미한 사사로운 것들의 톤과 생동이 중요하며, 의미가 부서지는 과정에서 영화적 리듬이 탄생한다. 외국 평자들이 아무리 홍상수의 영화를 좋아해도 그의 영화는 늘 모국어의 뉘앙스와 결부되어 있다고 믿었던 우리에게 이상한 영어 대사들로 춤추는 〈다른나라에서〉는 그저 감탄스러울 뿐이다.[19]

영화의 결을 잘 읽는 비평가 남다은이 홍상수 감독의 〈다른나라에서〉를 비평한 글입니다. 홍상수의 영화를 무척이나 좋아하는 남다은은 꾸준히 홍상수의 영화에 대해 비평을 해왔는데, 홍상수의 영화 가운데 〈다른나라에서〉에 두드러진 특징 가운데 하나로 그녀는 언어를 듭니다. 홍상수의 영화를 좋아하는 이들은 익히 알고 있지만, 그의 영화에서 언어가 지니고 있는 힘은 엄청납니다. 어떻게 보면 비논리적이고 위선적이고 가식적인 언어들이 홍상수 영화에는 가득하지만, 이상하게도 영어를 많이 사용하고 있는 〈다른나라에서〉에서 주요 두 인물은 모두 영어가 서툴지만 결국 소통한다는 것에 초점을 맞추었습니다. 홍상수의 영화에서 영어를 사용해 국어를 사용했을 때의

---

19) 남다은, 『감정과 욕망의 시간_영화를 살다』, 강, 2015, 71-72쪽.

느낌을 살리면서 거기에 묘한 뉘앙스까지 만들어낸 〈다른나라에서〉는 그래서 홍상수의 필모그라피에서 두드러진 영화가 되었다고 남다은은 평가하고 있는 것이죠. 홍상수의 영화만큼 찬반의 대립 속에 있는 영화도 많지 않습니다. 일부 비평가들은 갈수록 홍상수의 영화는 새로워진다고 극찬을 하는 반면, 일부 비평가들은 매너리즘에 갇혀 쳇바퀴만 맴돌고 있다고 비판합니다. 전자의 입장을 강하게 주장하는 남다은의 글을 보면 그녀가 얼마나 홍상수에 대한 애정이 강한지 알 수 있습니다. 이 비평도 마찬가지지요.

두드러진 영화의 특징을 비평하는 것은, 원론적으로 보면 매우 쉬운 방법론입니다. 비평이란 결국 비평가가 감명받은 영화를 비평하는 것이라면, 감명받은 영화의 두드러진 특징이 무엇인지 비평하는 것이 가장 일반적인 방법론이기 때문이지요. 감독론의 입장에서 비평하지 않더라도 수많은 시각에서 두드러진 영화의 특징을 비평할 수 있습니다. 아래 글을 보시죠.

영화는 삶과 죽음의 이야기를 하고 있다. 속세에서 죽은 해진이 산 속에서 살아가지만 그는 아이들의 장난과 새 때문에 물에 빠져 죽음을 경험한다. 그가 죽인 새는 또 어떤가? 그는 최초로 죽음을 경험하고 다시 혜곡 화상의 죽음을 겪는다. 기봉은 속세에서 자신을 죽인 후 입산하지만 여전히 자신을 버리지 못하다가 수행 중에 깊은 계곡에서 죽음을 경험한다. 그리고 마침내 스승의 죽음을 통해 속세의 자신을 죽이고 참나를 만날 수 있었다. 결국 종교란 삶과 죽음을 다루는 것이고, 그 경계로부터 해탈하는 것이라면 영화는 그 과정을 치밀하게 그리고 있다.

영화가 특이한 것은 참나를 찾아가는 선불교의 사상을, 물아일체의 동양적인 카메라 구도 속에 담아낸다는 것이다. 두 사람이 수행을 할 때 인물이 중심이 아니라 인물이 풍경과 어울려 하나가 된다. 이 때 바람 소리 하나, 벌레 울음 하나가 중요한 사운드가 된다. 말 그대로, 세상에 나는 없고 나 아닌 것도 없는 그 물아일체의 경지를 스크린 속에 재현하고 있는 것이다. 미술을 전공한 감독답게 고뇌하고 번뇌하는 기봉의 모습은 최대한 조명을 어둡게 해 검은 먹구름에 둘러싸인 인물의 모습을 살려낸다. 마치 윤두서의 초상화를 보는 것처럼 번뇌로 가득한 얼굴만 담아냄으로써 그 극단적인 효과를 더한다. 때문에 영화는 리얼리즘과 표현주의 사이를 자유자재로 왕래하면서 해탈의 절대경지를 추구하는 구도자의 모습을 담아낸다. 어쩌면 배용균에게는 영화 자체가 하나의 구도 과정이었을 것이다.

정말로 놀라운 것은 편집이다. 지난 시절, 밤에 누워 영화를 복기하면 대사도 가능하고 화면 구도도 가능하지만 편집

배용균 감독의 〈달마가 동쪽으로
간 까닭은?〉(1989)

은 그렇지 않았다. 기봉의 현재와 과거, 대과거가 수시로 연결되고(정말로 수시로, 마음대로 편집된다), 거기에 혜곡, 해진, 기봉의 이야기도 수시로 편집된다. 여기에는 시간의 원칙이 중시되지 않는다. 공간의 원칙도 중요하지 않다. 특히 초반 60분의 편집은 오로지 의식의 흐름, 또는 시적 편집에 맡겼다고 할 정도로 부드럽지만 영화 속 정신만 따라간다. 놀라운 것은 이렇게 하고도 영화는 하고자 하는 말을 다한다는 것이다.[20]

배용균 감독의 〈달마가 동쪽으로 간 까닭은?〉(1989)을 비평한, 저의 부끄러운 글입니다. 영화의 특징인 주제에 관해서, 특히 죽음과 해탈에 관해 논하면서, 정말로 중요하다고 생각되는 영화의 스타일에 대해서도 비평했습니다. 속세를 벗어나 수행을 할 때 카메라는 자연이라는 배경과 인간이라는 주체가 하나

20) 강성률, 「달마가 동쪽으로 간 까닭은?」, 한국영상자료원 편, 『한국영화 100선-〈청춘의 십자로〉에서 〈피에타〉까지』, 한국영상자료원, 2013, 161쪽.

가 되게 그려 물아일체의 경지를 그대로 그려내거나, 고뇌하는 젊은 수좌의 모습을 윤두서의 초상화처럼 그려 극단적인 효과를 만들어냈다고 평했습니다. 무엇보다 과거와 현재, 대과거가 수시로 연결되는 편집이 영화의 가장 큰 특징이라고 하고 있지요. 그러니까 이 영화는 기존의 영화와 다른 특징을 내용과 스타일 면에서 이처럼 강하게 지니고 있는 것입니다. 이것을 종교적인 사상, 고유한 전통적인 미학과 연결시켜 비평한 것이지요.

다섯째, 텍스트가 되는 영화가 같은 장르의 영화와 비교해 드러나는 특징이 있거나 스타일적으로 두드러진 특징이 있다면 그것을 비평하는 방법입니다. 앞에서 감독론에 대해 이야기했으니, 다음에는 (당연히) 장르적 입장에서 접근하는 것이 필요해 보입니다. 실제로 비평을 할 때 가장 많이 사용하는 방법론이 감독론과 장르론입니다. 그래서 두 방법론이 매우 쉬워 보이지만, 한편으로는 참으로 어렵습니다. 특히 특정 감독이 특정 장르를 선호하는 경향이 있어 두 방법론은 매우 밀접하지만, 그 때문에 어렵기도 합니다. 가령 장르론의 시각에서 보면 외국 장르와 한국 장르, 특정 외국 장르와 한국의 특정 감독의 장르를 비교해서 글을 쓰는 것은 결코 쉽지 않습니다. 세분화해서, 할리우드 액션 영화, 중국의 액션 영화, 일본의 액션 영화와, 류승완 감독의 액션 영화를 비교하는 것은 쉬워 보이시나요? 범위를 더 좁혀 외국의 특정 감독과 류승완의 액션 영화를 비교하는 것은 어떤가요? 1970년대 이두용의 액션 영화와 류승완의 액션 영화를 비교하는 것은 또 어떤가요? 뭐 하나 만만한 게 없지요. 영화 비평을 하면서 힘이 드는 것 가운데 하나는 외국의 여러 영화, 더 나아가 한국영화사, 세계영화사를 두루 섭렵해야 하기 때문입니다. 다시 범위를 좁혀 보지요. 장르적으로 비교할 때에는 형식적인 특징이나 내용적인 특징 가운데 기존의 장르와 차별화되는 것들, 그 장단점과 이유를 밝히는 것이 중요한 비평 방법입니다. 류승완 감독 이야기가 나왔으니 그의 영화에 대해 쓴 비평을 볼까요.

〈부당거래〉는 장르로 현실을 수선한다. 액션의 전시에 대한 강박을 벗은 류승완은 장르 영화가 도달할 수 있는 현실 비판의 완성형의 한 지점에 도달했다. 대개의 장르 영화와 다르게 감정이입의 순간을 쉽게 허락하지 않는 이 영화는 견고한 장르의 외피를 둘렀을지언정 탈출 불가능한 현실의 포착을 포기하지는 않는다. 영화의 마지막 동료 형사들에게 단죄 당한 최철기가 핏물을 토해내는 장면을 잡아내는 하강의 시점과, 부정이 드러났음에도 남자가 한번쯤 겪을 수 있는 일이라며 장인의 격려를 받는 주양 검사를 잡아내는 상승의 시점은 현실의 반영인 동시에 지극히 상투적인 장르의 봉합방식이기도 하다. 이미 결정되어 있는 계급 간의 위계질

류승완 감독의 〈부당거래〉(2010)

서는 너무나 견고해서 관객으로 하여금 애초에 탈출이나 변화가 불가능한 현실의 벽을 고스란히 체험하게 만든다. 일차적으로 범죄를 저지른 대상에 대한 처벌을 통해 대리 위안이라는 장르적 해결을 제시하는 가운데 탈출구 없는 절망감을 함께 안겨주는 것을 통해 피곤에 찌든 오늘날의 윤리를 고스란히 화면에 옮겨 놓는다. 이것이야말로 류승완이 단순히 장르에 포섭되지 않도록 하는 에너지인 동시에 과잉된 자의식으로 장르의 균질함을 해치지 않는 균형점이다. 우리는 모두 누군가의 누군가이고 〈부당거래〉는 그 누군가들 사이로 관객을 쑥 밀어 넣는다. 세련된 장르적 완성도와 현실이 품고 있는 농밀한 에너지를 접합시키는 자제력을 발휘한 류승완의 다음 행보는 오늘날 한국 영화의 가장 첨예한 지점에 서 있다.[21]

---

21) 송경원, 「장르로 수선된 탈출 불가능한 현실의 벽」, 유지나·이창동·전찬일 외, 『2011 '작가'가 선정한 오늘의 영화』, 도서출판 작가, 2011, 65–66쪽.

류승완 감독의 〈부당거래〉(2010)에 대한 송경원 비평가의 평입니다. 송경원은 액션 장르의 외피에서 벗어난 류승완이 〈부당거래〉를 통해 "장르 영화가 도달할 수 있는 현실 비판의 완성형의 한 지점에 도달했다"라고 극찬을 했습니다. 문제를 해결하는 상투적인 장르의 봉합 방식이 등장하지만, 한편으로는 탈출 불가능한 현실의 위계질서를 그대로 재현해 놓았는데, "이것이야말로 류승완이 단순히 장르에 포섭되지 않도록 하는 에너지인 동시에 과잉된 자의식으로 장르의 균질함을 해치지 않는 균형점"이라고 평했습니다. 그러니까 송경원은 이 영화 안에는 장르가 지니고 있는 판타지적 해결과, 결코 깰 수 없는 현실의 벽이 동시에 존재하는데, 이것을 균형점이라고 보며 높이 평가한 것입니다. 장르 영화라는 관점에서 특정 영화가 어떤 변별점을 지니고 있는지, 그것을 찾아 비평하는 것이 매우 의미 있고 유효하다는 것을 이 글을 통해 우리는 알 수 있습니다.

　이제까지 한 말들을 간단히 요약해 볼까요. 실제 비평을 하려면 비평 대상이 되는 텍스트를 선정한 이유를 밝히고, 어떤 시각에서 비평할 것인지 먼저 이야기해야 합니다. 다음으로 텍스트에 대한 기본적인 정보들을 제시해야 하고, 이어서 장르적이거나 감독론적 입장에서 두드러진 특징들을 비평하면 됩니다. 그런데 가만히 생각해 보면, 이것들은 따로 떨어져 있는 것이 아니라 밀접하게 연관되어 있다는 것을 알 수 있습니다. 가령 비평가가 좋아하는 감독의 신작을 장르적 시선에서, 두드러진 특징을 이전 작품이나 한국 영화의 경향과 비교해 비평하면, 이 모든 것이 한 번에 사용되겠지요. 그리 어렵지 않죠?

3. 실제 비평 쓰는 팁 ② – 비평 글쓰기의 방법들

큰 틀에서 비평 쓰는 방법에 대해 설명했으니, 이제는 구체적인 비평 쓰기에 대해 고민하려 합니다. 비평에서 반드시 있어야 할 것은 앞 장에서 이미 이야기했음에도, 그래서 충분히 숙지하고 있음에도, 실제 글을 쓰려면 결코 쉽지 않습니다. 왜 그런 것일까요? 답은 간단합니다. 세부적인 비평 쓰기 방법론을 모르기 때문입니다. 비평에 무엇이 들어가야 한다는 것을 안다고 바로 비평을 쓸 수 있는 것은 아닙니다. 제가 좋은 비평을 많이 읽어보고 필사를 하라고 한 것은, 세부적인 비평의 방법들을 익히기 위해서였습니다. 여기서 주목해야 할 것이 있습니다. 비평은 글이라는 사실입니다. 비평은 여러 종류의 글 가운데 하나입니다. 너무도 당연한 사실을 이야기하는 것은, 비평이 글이기 때문에 글쓰기에 대한 기본적인 연습이 되어 있어야 한다는 것을 말하기 위해서입니다. 가령 글쓰기의 기본인, 맞춤법에 맞게 글을 쓰고 비문을 작성하지 않으며, 문장을 올바르게 쓰는 법에 대해서는 '무조건' 숙지하고 있어야 합니다. 이 바탕 위에서 글쓰기의 여러 방법들을 다시 고민해야 합니다. 추상적으로 논하는 것보다 예를 들어 설명하도록 하겠습니다.

마치 약속이나 한 듯이 1960년에 태어나 1996년에 데뷔한 두 감독, 김기덕과 홍상수의 신작이 비슷한 시기에 개봉되었고 나는 연중행사처럼 두 영화를 보았다. 두 감독의 이전 작품에 대해 이미 한 번씩 다루었기 때문에 반복할 생각이 없었으나, 두 영화를 거의 동시에 보고나서는 마음이 바뀌었다. 두 사람 각각에 대해서는 다시 할 얘기가 없을지 몰라도 두 사람을 함께 얘기한다면 다른 얘기가 가능하지 않을까 싶었다. 거의 극단적인 고유함을 갖고 있는 두 영화 작가를 비교하는 일은 조심스러울 수밖에 없지만 비교할 때 더 잘 보이는 것이 있다. 두 감독 모두 욕망에 대해 사유하고 있는데, 김기덕의 〈뫼비우스〉에는 대사가 없고 행위만 있으며, 홍상수의 〈우리 선희〉에는 대사만 있고 행위는 거의 없다. 요컨대 이 두 영화는 욕망에서 몸과 말이 각기 맡고 있는 역할에 대해 생각하게 만든다. 한 사람은 몸을 다루면서 욕망의 순교자가 되고, 다른 한 사람은 말을 다루면서 욕망의 현자가 된다.

놀라운 이야기라는 것을 인정하지 않을 도리가 없다. 납득이 되지 않는 부분들도 있지만(이에 대해서는 다시 얘기하자) 그 납득할 수 없음조차도 김기덕 영화의 한 부분인데, 실로 김기덕의 영화는, 지적할 가치도 없는 단점들에 비하면 지적할 가치가 있는 어떤 단점은 작품에 기이한 방식으로 강력한 힘을 부여할 수 있다는 것을 입증하는 희귀한 사례다. 이 영화에는 '남근을 은유하는 그 무엇'이 아니라 '남근 그 자체'가 나온다. 이 영화의 제목을 홍상수의 근작들처럼 다시 지어본다면 '남근의 영화'(〈옥희의 영화〉)나, '누구의 것도 아닌 남근'(〈누구의 딸도 아닌 해원〉)이나, '우리 남근'(〈우리 선희〉) 정도가 될 것이다. 나는 지금 재미없는 농담을 하려는 것이 아니다. 욕망에 대해 말하기 위해 남근을 주인공으로 등장시켜 그것을 자르고 붙이고 또 자르는 김기덕 영화의 이 단순성과 원형성과 저돌성에 대해 말하려는 것이다.[22)]

다시 신형철의 글입니다. 이 글에서 신형철은 김기덕의 영화 〈뫼비우스〉(2013)에 대해 비평하고 있습니다. 술술 읽히면서도 내용이 꽤 깊지요? 이 글이 설득력을 지니는 중요한 이유

22) 신형철, 『정확한 사랑의 실험』, 마음산책, 2014, 90-91쪽.

가운데 하나는 김기덕의 영화를 홍상수의 〈우리 선희〉(2013) 과 '비교'하고 '대조'하기 때문입니다. 같은 해에 데뷔해서 거의 매년 영화를 만들었으며, 국내에서의 평가보다는 해외에서 좋은 평가를 받았고, 독특한 자신의 영화 세계를 구축하고 있는 두 감독의 영화 세계를 비교하고 대조하면서 선명하게 김기덕의 영화를 설명하고 있습니다. 신형철에 의하면, 두 감독은 모두 욕망의 문제를 다루는데, "한 사람은 몸을 다루면서 욕망의 순교자가 되고, 다른 한 사람은 말을 다루면서 욕망의 현자가" 됩니다. 이후 그는 특유의 화려한 수사로 김기덕의 영화와 홍상수의 영화 제목을 하나로 콜라주해 버리는 언어유희를 멋지게 이루어 냅니다.

실제 비평을 쓸 때 필요한 것은 앞에서 말한, 영화 비평이 갖추어야 할 것들과는 좀 다릅니다. 신형철은 자신의 글에서 '비교와 대조'의 방법을 통해 선명하게 자신의 영화관을 밝히고 있습니다. 비교와 대조의 방법은 글쓰기에 참으로 유용한 방법입니다. 혼자 존재하면 변별성을 쉽게 찾을 수 없지만, 다른 것과 비교하거나 대조하면 특징이 선명히 드러납니다. 두 감독의 영화, 한 감독의 두 영화, 비슷한 시기에 개봉한 두 영화, 같은 장르의 두 영화 등등을 비평할 때 비교와 대조를 사용하면 상대적으로 쉬워집니다. 저 역시 실제 비평에서 비교와 대조의 방법을 자주 사용합니다. 비교와 대조의 방법을 구사할 때는 기준을 명확히 정한 후 그 기준에 맞게 비교와 대조를 해서 자신이 하고자 하는 말을 선명하게 주장해야 합니다. 비교와 대조를 통해서만 드러나는 특징들을 밝히려고 할 때 사용해야 한다는 말입니다.

다른 방법에 대해 이야기해 볼까요. 좀 길지만 아래 글을 보겠습니다.

영화 비평을 하면서 가장 어려운 일 가운데 하나는 영화의 흥행을 점치는 것이다. 비평가가 흥행을 점칠 필요는 없지만, 일반 관객들보다 영화를 미리 보기 때문에 습관처럼 어느 정도의 관객을 동원할 것인지 생각하게 된다. 그러나 그런 추측이 정확하게 맞은 적은 별로 없다. 작품성과 대중성을 고루 겸비했다고 생각한 영화도 처참하게 흥행에 참패하는가 하면, 전혀 의외의 영화가 엄청난 흥행을 하기도 한다.

가령 〈집으로…〉를 보고 나오면서 선배 비평가가 이 영화의 흥행을 점쳤지만, 나는 그렇게 촌스럽게, 노골적으로 할머니의 사랑을 강조하는 영화는 요즘 관객들의 기호와 전혀 맞지 않다고, 관객의 기호보다 뒤져도 한참을 뒤진다고 단호하게 주장했다가 망신을 당해야 했다. 권상우와 유지태라는 당대의 스타 파워와 누아르 풍의 힘 있는 내용이 결합된 〈야수〉를 보면서 꽤 흥행을 할 것이라고 예상했지만 보기 좋게 빗나가 버렸다. 물론 비슷하게 맞힌 경우도 꽤 있다. 〈사랑해 말순씨〉를 본 후 후배가 관객이 꽤 들 것이라고 했을 때 나는 50만도 되지 않을 것이라고 했는데, 결국 내 말이 맞았다.

눈치 빠른 독자들은 무슨 이야기를 하려고 이렇게 장황하게 흥행 이야기를 늘여놓는지 이미 알고 계실 것이다. 그렇다. 〈왕의 남자〉 이야기를 하려고 한다. 결론부터 이야기하자면, 비평가로서 부끄러운 이야기지만, 나는 이 영화가 1000만 명이라는 어마어마한 관객을 동원한 이유를 알지 못한다. 아무리 찾으려고 해도 찾지 못하겠다. 이제부터 그 이유를 말하고자 한다.

이제까지 최고의 흥행을 기록한 영화는 〈태극기 휘날리며〉〈실미도〉〈친구〉〈웰컴 투 동막골〉〈쉬리〉〈공동경비구역 JSA〉 등이었다. 이들 영화들의 공통점은 남북 분단 체제를 통해 한반도의 문제를 다루었다는 것이다(물론 〈친구〉는 예외이다). 그것이 냉전 체제의 산물이든 화해 시대의 결과물이든, 또는 그것이 액션과 멜로의 결합이든 미스터리와 코미디의 결합이든 간에 분단 체제를 다루었다는 공통점에서 어긋나지 않는다.

분단 체제를 다룬 영화가 엄청나게 흥행을 하는 이유는 그것이 대한민국에서 살아가는 사람들이라면 누구나 공감할 수 있는 소재를 다루기 때문이다. 분단과 전쟁을 겪은 세대들은 자신들의 경험을 영화를 통해 재확인할 것이고, 전쟁을 겪지 않은 세대들은 영화를 통해 간접 경험을 하면서 분단의 현실을 되돌아보게 된다. 프레드릭 제임슨은 이런 상황을 '민족적 알레고리(national allegory)'라는 개념으로 설명했다. 즉, 한 민족이 집단적으로 가지고 있는 역사적 경험이 문화적 텍스트를 통해 알레고리로 드러난다는 것이다.

조금 더 설명을 하자. 한 영화가 관객 1,000만 명을 돌파했다는 것은 어마어마한 것이다. 4,800만 명이 살고 있는 이 땅에서 한 영화가 1,000만 명의 관객을 동원하려면 영화의 주 관객층인 10대 후반과 20대 초반의 여성 관객으로는 도저히 불가능하다. 갓 태어난 아이부터 죽기 직전의 노인까지 모두 합쳐 네 명 가운데 한 명이, 그것도 불법다운의 천국인 한국에서 비디오가 아니라 '극장에서' 〈태극기 휘날리며〉를 봤다는 사실은 실로 엄청난 것이다. 무작위로 길가는 사람을 잡으면 네 명 가운데 한 명은 극장에서 이 영화를 본 것이다. 이런 관객 동원이 가능하려면 40대 이상, 아니 1년에 극장에 한 번 올까 말까 한다는, 그 '무서운' 50대 이상의 중장년 관객들이 극장을 찾아야 한다. 〈친구〉가 820만 명의 관객을 동원할 수 있었던 것은 40대 관객들이 극장을 열심히 찾았기 때문에 가능했다.

이준익 감독의 〈왕의 남자〉(2005)

그런데 지금 〈왕의 남자〉에서 바로 이런 현상이 일어나고 있다. 지난 11일 대망의 1000만 관객을 돌파했다. 이른바 '왕남폐인'이 속출하고 있다. 어떤 이는 이 영화를 30번 이상 보았다고 한다. 극장에는 중년들이 관객의 절반 이상을 차지하고 있다. 이 영화 한 편으로 이준기는 일약 스타가 되었다.

그렇다면 도대체 어떤 이유 때문에 관객들이 이 영화를 그토록 열광적으로 찾는 것일까? 뚜렷한 스타도 없고, 전통적으로 흥행이 잘 되지 않았던 사극이며(전통의상과 세트 재현 때문에 유난히 제작비가 많이 드는 사극임에도 이 영화의 순제작비는 41억밖에 되지 않는다), 한국 사람들이 매우 싫어하는 동성애적 요소를 지니고 있는 이 영화에 열광하는 이유는 무엇일까? 쟁쟁한 스타가 등장하고 엄청난 제작비가 동원된 〈태풍〉, 〈청연〉, 〈야수〉를 모두 따돌린 이유는 무엇인가?

물론 없지는 않을 것이다. 비평가들은 대개 이미 연극에서 검증된 탄탄한 드라마 구조, 볼거리로서의 광대극과 사극, 절대 권력에 대한 비판 등을 그 이유로 든다. 물론 여기서 더 나아가 꽃미남 신드롬을 불러일으킨 이준기의 매력이나 다양한 해석을 가능하게 하는 영화적 장치를 든다. 즉, 젊은 세대인 20대가 보는 〈왕의 남자〉는 이준기라는 사람을 중심으로 보는 것이고, 30대 남성은 감우성을 중심으로 보는 데 반해 장년층은 사극과 마당놀이, 풍자에 중심을 두고 본다는 것이다. 이렇게 서로 보는 시각이 다르기 때문에 다양한 세대의 관객을 불러 모을 수 있다는 것이다. 여기에 관객 500만 명을 돌파하면서 하나의 신드롬으로 작용한 것도 빼놓을 수 없는 흥행 요인이다. 남들 다 보았는데 자신만 보지 않으면 대화에 참여할 수 없는 것이다.

그러나 이것이 〈왕의 남자〉의 엄청난 흥행을 설명하지는 못한다. 결정적으로 이 영화는 남성 관객을 끌어들일 만한 흡입력이 약하다. 〈태극기 휘날리며〉, 〈실미도〉, 〈친구〉,

〈웰컴 투 동막골〉 같은 화끈한 액션이 없다. 이 영화가 보여주는 볼거리로서의 광대극도 다른 영화의 볼거리와 비교하면 그리 '볼만한' 것이 아니다. 그 정도의 볼거리는 다른 영화에도 얼마든지 있다. 세대를 넘어 모두가 교감할 수 있는 민족적 알레고리가 이 영화에 들어있는 것도 아니다. 동성애적 요소도 불리하게 작용하고 권력에 대한 풍자도 약하다. 게다가 한국 영화와 드라마에서 지겹도록 다루었던 연산군의 이야기를, 그 뻔한 폐비 윤씨와의 문제를 다시 그리고 있지 않은가.

〈왕의 남자〉가 각 세대가 다양하게 읽을 수 있는 영화라는 분석도 흡입력이 약하기는 마찬가지다. 어차피 관객들은 자신이 처한 입장에 따라 영화를 바라보기 때문에 한 영화를 봐도 모두 다르게 보기 마련이다. 때문에 이 영화만 다양한 읽기가 가능한 영화인 것은 아니다. 무엇보다 그런 분석은 사후처방에 머문다. 엄청난 흥행을 기록한 뒤에 그 요인을 정확히 모르기 때문이라는 혐의가 짙다. 이준기 신드롬이 이 영화의 흥행 비결을 말해주지도 못한다. 〈왕의 남자〉가 흥행했기 때문에 이준기가 하루아침에 '뜬' 것이다.

그렇다면 도대체 어떤 이유 때문에 〈왕의 남자〉는 그토록 많은 관객을 동원한 것일까? 지금으로서 내가 내릴 수 있는 유일한 결론은 '모른다'는 것이다. 이것은 농담이 아니다.

정말 모른다. 이 말을 다르게 표현하면, 이 영화는 기존의 대박 영화들과는 전혀 다른 영화라는 말이다. 기존 대박의 공식을 따랐던, 즉 분단이라는 소재, 엄청난 제작비, 최고의 스타, 와이드 릴리스 개봉을 했던 〈태풍〉의 흥행을 두 배 이상 돌파한 이 영화의 흥행 비결은 아무도 모른다. 과문해서인지 무식해서인지 나는 〈왕의 남자〉의 흥행 요인을 분석한 글을 아무리 읽어봐도 설득력이 있는 분석을 찾지 못했다. 이것은 관객의 성향이 바뀐 것인가, 비평가의 눈이 무딘 것인가. 중요한 것은 〈왕의 남자〉는 한국 영화 흥행사에서 새로운 지평을 열었다는 것이다. 〈왕의 남자〉는 여전히 미스터리다.[23]

인용하고 보니 글이 좀 길다는 느낌이 다시 드네요. 그런데 인터넷 매체에 글을 쓸 때에는 통상 이 정도 길이의 글을 청탁한다고 생각하면 맞습니다. 저는 이 글에서 당시 흥행하던 〈왕의 남자〉(이준익, 2005)에 대해, 솔직히 고백하면서 왜 〈왕의 남자〉가 엄청난 흥행을 하고 있는지 모르겠다고 적었습니다. 비평을 하다 보면 많은 부분 특정 영화를 둘러싼 현상을 분석하는 일이 발생합니다. 2016년처럼 재난영화 몇 편이 동시에

<hr />

23) 강성률, 「〈왕의 남자〉 천만 흥행, 도저히 모르겠다 – 작품이 흥행을 설명해주는 것은 아니다」, 《컬처뉴스》.

흥행하면서 왜 지금 이 시기에 재난영화가 흥행하는지 그 이유를 밝혀달라는 청탁을 받을 수 있습니다. 2015년에 흥행한 〈암살〉(최동훈), 〈베테랑〉(류승완), 〈내부자들〉(우민호)처럼 여전히 현재의 첨예한 문제가 되는 과거 사건을 다룬 영화나, 현재라는 시점에서 가장 심각한 문제점을 소재로 삼은 영화들이 왜 한꺼번에 등장해 엄청난 흥행을 하고 있는지, 이 영화들의 판타지적 결말을 타협으로 볼지 관객들의 욕망의 반영으로 볼지 분석해 달라는 청탁을 받을 수도 있습니다. 이런 글들은 '인과'의 방법으로 비평해야 합니다.

그런데 인과의 방법으로 비평하는 것은 생각보다 쉽지 않습니다. 원론적으로 보면, 이 세상의 많은 일들은 하나의 원인이 하나의 결과로 나타나지 않기 때문에 그것을 분석하는 것이 쉽지 않기도 하지만, 영화라는 매체가 대중들의 욕망을 직접적으로 반영하는 것은 아니기 때문에 어렵기도 합니다. 영화는 대중들이 욕망하는 것을 분명 반영하지만, 그것은 직접적인 반영과 간접적인 반영 사이의 어딘가에 위치합니다. 그 위치를 어떻게 바라볼 것인지 파악하는 것은 참으로 어렵습니다. 흥행에 성공한 영화나 실패한 영화의 원인을 밝히는 것도 결코 쉽지 않습니다. 특정 영화가 만든, 신드롬 같은 현상의 원인을 밝히는 것도, 특정 장르가 특정 시기에 흥행하는 원인을 찾기도 쉽지 않습니다. 인과 방법으로 글을 쓸 때 주의할 것은, 결코 우리 사회는 단순하지 않고 영화라는 매체도 단순하지 않다는 것입니다. 여러 원인이 복합적으로 작용해 중층결정되는 것이 우리 사회이고 영화 시스템입니다. 때문에 인과의 방법으로 글을 쓸 때 함부로 단정해서는 안 됩니다. 함부로 단정하는 글만큼 깊이가 떨어지는 글도 없습니다. 최대한 깊이 사고하고 고민해서, 문장과 문장 사이를 철저히 논증해서 비평을 작성해야 합니다.

비교와 대조, 인과의 방법 외에 '분류와 구분'의 방법론도 있습니다. 굳이 개념을 정의하자면, 분류는 상위 개념으로 묶어 나가는 것이고, 구분은 하위 개념으로 나누어가는 것인데, 실제 비평을 하다 보면 구분 없이 사용하기도 합니다. 이 방법은 특정 영화를 세부적으로 나누거나, 여러 영화를 큰 틀로 묶어 설명할 때 유용한 방법입니다. 가령 '2016년 한국영화의 특징'을 비평하는 글이라면, 당연히 2016년 한 해 동안 개봉한 영화를 전체적으로 살펴본 후 비슷한 특징을 지닌 영화를 카테고리별로 나누어야 합니다. 그렇게 구분한 영화들을 정의, 열거, 예시를 통해 설명한 후 세세하게 드러난 특징을 논해야 하고, 다시 이 모든 것을 묶어 큰 시각에서 2016년의 영화들이 지닌 특징을 논해야 합니다. 작가론적 입장에서 비평할 때도 분류와 구분은 매우 유용한 방법입니다. 특정 감독의 영화를 먼저 구분해 각각의 카테고리에 해당하는 영화를 열거하고 예시한 후,

각 카테고리의 특징을 설명한 다음, 다시 모든 카테고리를 합쳐 분류해 특정 감독의 영화 세계를 설명해야 합니다. 이것은 예시를 제시하지 않더라도 충분히 이해했을 줄 압니다. 이 방법도 실제 비평을 작성할 때 매우 유용하다는 것을 잊지 않길 바랍니다. 이제 다른 방법을 알아볼까요.

　남자의 사랑은 파괴다. 갖고 싶은 꽃을 꺾어 버리는 모순 속에 욕망의 그림자가 어른거린다. 남자의 사랑은 흔들림이다. 그가 반하는 대상은 여자가 아니라 흔들리는 것 그 자체다. 흔들림은 위태롭지만 흔들림 없는 삶은 권태롭다. 남자의 사랑은 상실이다. 순수가 사라진 후 남는 사랑은 환상이다.

　사람들이 '사랑'이 사람을 구원한다고 말한다. 영화 〈매트릭스The Matrix〉(1999)에서 네오(키아누 리브스)를 살린 것이 트리니티(캐리앤 모스)의 사랑이었듯이 말이다. 때로 사람들은 그런 결론이 어처구니없다고 말하기도 한다. 영원한 사랑은 언제나 낭만적 수식으로 가득하다.

　장윤현 감독의 〈황진이〉(2007)에서 주인공은 사랑했던 사람의 유해를 뿌리며 영원을 약속하고, 강제규 감독의 〈은행나무 침대〉(1996)에서도 주인공들은 세월을 거듭한 사랑에서 눈물을 흘린다. 그런데 사랑은 그리도 위대한 구원일까? 때로 사랑은 구원이라기보다 독약인 듯하다. (중략)

너무나 사랑했기에 용서할 수 없는 감정의 아이러니. 사랑과 증오는 비례관계라서, 사랑할수록 상대를 파괴하고자 하는 욕망이 커지기도 한다. 사랑이라는 고결한 감정 속에 숨어 있는 이 파괴적 욕망은 쉽게 이해되지 않는다.[24]

문학 비평가면서 영화 비평가인 강유정의 글입니다. 참 매력적이죠? 이 글이 매력적인 이유는 무엇 때문일까요? 저는 '비유'에 있다고 생각합니다. 강유정은 첫 문장을 "남자의 사랑은 파괴다."라고 단정적이면서 다소 도발적으로 비유합니다. 사실 이 문장은 정의인지 비유인지 헷갈리기도 하지만 비유입니다. 정의라면 더 길게, 정확히 개념을 설명해야 합니다. 남자의 사랑을 파괴에 비유한 이런 문장은 큰 힘을 발휘합니다. 고등학교에서 배운 것을 상기하자면, 원관념과 보조관념의 유사성을 매혹적으로 연결해 단숨에 사랑에 대한 새로운 의미를 만들어 버리는 것이지요. 비유를 통해 개념을 새롭게 제시한 후 바로 예시를 들어 설명합니다. 그런데 그 예시는 자신이 한 비유와는 반대의 예시라는 사실이 흥미롭습니다. 결국 마지막에서는 사랑이 오히려 증오가 된다는 주장을 합니다. 비유에서 시작해 예시를 하고 마지막에 결론을 내리는 방식을 취한 이 글

---

24) 강유정, 『사랑에 빠진 영화, 영화에 빠진 사랑』, 민음사, 2011, 75-76쪽

은 초반의 비유가 강렬하기 때문에 뇌리에 남습니다. 이처럼 비유는 글쓰기에 매우 효과적인 방법입니다. 다만 비유를 할 때 두 관념 사이에 깊은 연관이 있어야 하고, 그것을 설득력 있게 보여주어야 한다는 것을 명심해야 합니다.

큰 틀에서의 글쓰기에 대한 설명은 대부분 한 것 같네요. 비평이 갖추어야 할 요소들은 앞에서 이미 설명했고, 그런 요소를 어떤 방법으로 담을 것인지도 설명했습니다. 이제 무엇이 남았을까요? 세부적인 팁을 몇 개 더 드리겠습니다. 저는 독자의 입장에서 비평을 읽을 때 중요한 것 가운데 하나가 '글 읽는 맛'이라고 생각합니다. 읽는 맛이 없는 비평은 참으로 무미건조합니다. 그런데 읽는 맛이 무엇일까요? 문장의 매혹도 있겠지만, 글 자체에 독자들을 사로잡는 '그 무엇'이 있어야 할 것입니다. 이제 그것을 짧게나마 이야기하려 합니다.

저는 비평을 할 때 가장 중요한 것이 첫 문장이라고 생각합니다. 첫 문장에서 독자의 관심을 끌지 못하면 실패할 확률이 높습니다. 단 하나의 문장만으로도 관객을 사로잡아야 합니다. 인터넷만 켜면 수많은 글들이 자신을 봐 달라고 아우성을 치는데, 그 많은 글들 가운데 독자들이 끝까지 읽는 글은 정말 얼마 되지 않습니다. 독자들이 흥미를 갖고 끝까지 읽게 만들려면 첫 문장부터 강렬하게 그들의 눈을 잡아끌어야 합니다. 다음을 볼까요.

이준익 감독의 〈황산벌〉(2003)

나는 국사 교과서를 읽으면서 항상 궁금했다. 정말 그랬을까? 승산 없는 전쟁에 나가는 계백은 의자왕에게 아무 이의 없이 죽음을 맹세했을까? 그렇게 전쟁에 나가는 계백이 자신의 가족을 스스로 참살할 때 그 아내와 자식들은 기꺼이 지아비의 칼 앞에 목숨을 내놓았을까? 어린 소년 화랑 관창은 오직 그 자신의 결심만으로 신라군의 사기를 드높이기 위해서 몇 번이고 죽여 달라고 혈혈단신으로 백제 진영을 향해서 달려갔을까?25)

정성일이 이준익 감독의 〈황산벌〉(2003)에 대해 쓴 비평의 첫 문장은 "나는 국사 교과서를 읽으면서 항상 궁금했다. 정말 그랬을까?"입니다. 어떤가요? 여러분도 궁금해지셨나요? 만약 그렇지 않았다면 이 글은 실패한 글입니다. 첫 문장에서 호기

25) 정성일, 「영화 비평 '황산벌'」, 《한겨레》, 2003.11.03.

심을 유발하면서 다음 문장을 읽게 만드는 비평은 단연 정성일이 최고라고 생각합니다. 첫 문장을 읽으면 다음 문장을 읽지 않을 수 없고, 첫 문단을 읽으면 다음 문단을 읽지 않을 수 없습니다. 여러분도 다음 단락이 궁금해지시죠? 첫 문장을 이렇게 시작하니 다음 단락에서는 자연스럽게 영화 〈황산벌〉에 그려진 이준익 감독의 노골적인 풍자와 해학에 대한 이야기를 할 것입니다. 분량이 길지 않은 일간지 비평의 경우, 특히 첫 문장이 승패를 좌우한다고 해도 과언이 아닙니다. 꽤나 긴 글에서도 첫 문장이 중요한 것은 마찬가지입니다. 첫 문장이 좋으면 자연스럽게 다음 문장으로 이어지게 되지요. 허문영은 「한국 장르영화에 관한 단상들」이라는, 꽤 긴 글의 시작을 "이상한 사실 몇 가지가 있다."[26]라고 시작합니다. 이 첫 문장을 읽고 나면, 당연히 다음 문장이 궁금해집니다. 허문영이 이상하다고 한 사실이 무엇인지, 왜 이상하다고 했는지 궁금증이 이는 것이지요. 이렇게 보면 결국 첫 문장의 힘으로 글을 읽게 만드는 것입니다. 다음 글을 볼까요.

잉그마르 베리만의 〈파니와 알렉산더〉(1983), 안드레이 타르코프스키의 〈노스탤지어〉(1983), 미클로슈 얀초의 〈붉

---

26) 허문영, 『세속적 영화, 세속적 비평』, 강, 2010, 78쪽

은 시편〉(1972), 파올로 & 비토리오 타비아니의 〈빠드레 빠드로네〉(1977), 피터 그리너웨이의 〈제도사의 계약〉(1983), 짐 자무쉬의 〈천국보다 낯선〉(1984), 그리고 아키 카우리스마키의 〈레닌그라드 카우보이 미국에 가다〉(1990).

　　영화광이 아니더라도 어지간한 영화팬이라면 눈이 번쩍 뜨이고 귀가 쫑긋할 영화목록들이다. 그런데 위의 일곱 편 모두가 일주일이라는 짧은 기간 동안 극장에서 한국어 자막을 곁들여서 정식 상영되었다는 것은 믿기 어렵지만 엄연한 현실이었다. 3월 18일부터 24일까지 동숭 아트홀과 동숭 시네마테크, 계몽 아트홀에서 열린 '현대 영화 베스트 7'이라는 행사에서 하루 한 편씩 선보인 것이다.[27]

　　원고지로 100매 정도 되어 보이는, 꽤나 긴 비평의 첫 부분입니다. 1990년대 중반, 매우 소중한 비평을 했던 전찬일 비평가의 글인데, 당시 막 불기 시작한 예술영화에 대해 논하고 있습니다. 1995년이라는 시점에서야 개봉한 유럽의 예술영화들을 소개하는 비평의 앞부분에서 전찬일은 독자들의 마음을 휘어잡는 수법을 보여줍니다. 텍스트가 된 7편의 영화를 그냥 열거한 후, 바로 "영화광이 아니더라도 어지간한 영화팬이라면

---

27) 전찬일, 「반 인습적 상상력과 저항의 승리자들」, 《리뷰》 3호, 1995년 여름, 31쪽.

눈이 번쩍 뜨이고 귀가 쫑긋할 영화목록들이다."라고 기술해 버립니다. 지금이야 유럽의 예술영화를 마음만 먹으면 인터넷에서 대부분 구할 수 있지만, 당시만 해도 예술영화를 구하는 것은 무척이나 어려웠습니다. 이런 상황에서 영화팬들을 자극하는 아주 매혹적인 문장이 적절한 자리에 정확하게 차지하고 있으니 힘을 발휘할 수밖에 없지요. 이렇게 시작한 글을 계속해서 읽지 않을 수는 없습니다. 이처럼 비평에서 첫 문장(과 첫 단락)은 참으로 중요합니다. 호기심을 자극하는 문장으로 시작할 수도 있고, 질문을 던질 수도 있으며, 타인의 글을 인용해 권위를 얻을 수도 있습니다.

첫 문장으로 시작해 첫 단락이 끝이 나면, 곧 자신의 주장을 하면서 논증해야 합니다. 논증을 할 때 가장 중요한 것은 타당한 근거를 제시하여 평가해야 한다는 사실입니다. 이미 논증에 대한 책은 시중에 많이 출간되어 있기에 이 부분에 대해서는 따로 적을 필요는 없을 것 같습니다. 하지만 분명히 알고 있어야 할 것은 비평은 비평가가 행하는 주관적인 작업이지만 독자들이 그 비평을 읽었을 때 고개를 끄떡일 수 있도록 타당한 근거를 제시해야 하고, 글 전체가 인과적 관계로 설정되어 있어야 한다는 사실입니다. 그래서 개인의 '주관'을 서술하지만 '객관'적인 글이 되어야 한다는 사실입니다. 비평의 목적은 해석을 설득력 있게 해서 독자들이 수긍하게 만드는 것이라는 사실을 잊으면 안 됩니다. 이 책에서는 인용하지 않았지만, 자신의 논증을 위해 권위 있는 타인 글을 인용하면 논제를 일반화하는 데 도움이 된다는 팁도 드리겠습니다.

4. 비평은 자신의 표현

비평가는 외로운 사람입니다. 외로움을 견딜 수 있는 사람이어야 합니다. 비평가는 홀로 영화를 보고(많은 이들은 연인과 더불어 팝콘을 먹으며 영화를 관람합니다), 홀로 영화에 대한 평가를 해야 하고, 홀로 그 결정을 글로 써야 하고, 그것을 홀로 책임져야만 합니다. 그리고 이 모든 과정에 익숙해져야 합니다. 비평을 하는 모든 과정에 타인이 개입할 여지도 없고 개입해서도 안 됩니다. 저에게 비평가의 가장 큰 자질을 묻는다면, 다른 모든 것을 제쳐두고 외로움을 견딜 수 있는 사람이라고 할 것입니다. 홀로 책을 읽고 영화를 보고 글을 쓸 수 있는 사람이 비평가입니다.

비평이 왜 외로워야 하는지 묻는다면, 권력과 관련되기 때문입니다. 아무리 비평가의 비평이 힘을 발휘하지 못하는 시대라고 하더라도 여전히 비평가의 글은 독자들에게 영향을 미칩니다. 비평가는 감독이 만든 영화를 자신의 잣대로 평가할 수 있고, 그것이 힘을 발휘한다는 것을 알 때, 비평이 권력과 연계되어 있다는 사실을 깨닫게 됩니다. 특히 영화상에서 수상자를 결정하거나 영화제에서 출품작을 선정할 때에는 더욱 그러합니다. 그러나 비평가는 영화를 좋아하는 사람이지 권력과 가까워져서는 안 됩니다. 오로지 영화를, 영화로 판단해야 합니다. 때문에 비평가는 고독해야 합니다. 그런 의미에서 감독과 비평가가 친해지는 것도 옳지 않다고 저는 생각합니다. 감독과 친해져 그의 사정을 듣게 되면 더 이상 그의 영화 세계를 냉정하게 비판적으로 바라보기가 힘들어집니다.

근원적으로 보더라도, 비평가는 언제나 중심에서 벗어나 있었습니다. 정도의 차이는 있을지언정, 비평가가 1차적 존재가 된 적은 없었습니다. 1차적 존재는 언제나 스타나 감독이 차지했고, 1차적 존재를 해석하고 평가하는 역할을 2차적 존재인 비평가가 수행했습니다. 영화 비평가가 1차적 존재가 아니라 2차적 존재이기 때문에 괴롭거나 고통스러울 필요는 없습니다. 오히려 2차적 존재이기 때문에 대중을 의식할 필요 없이 비평을 행할 수 있습니다. 대중의 스포트라이트를 받지 않기 때문에 거리낌 없이 비평을 할 수 있다는 것이지요. 중심에 있지 않기 때문에 자유로운 사람이 바로 비평가입니다. 중심을 바라보지 않고 자신의 길을 가는 사람.

'글이 곧 작가 자신'이라는 말이 있습니다. 예전에 저는 그

말을 믿지 않았습니다. 글은 작가가 허구로 작성한 것이기 때문에 결코 그 사람이 될 수 없다고 생각한 것이지요. 그러나 나이를 먹어가면서 글이 곧 작가 자신이라는 사실을 자주 인정합니다. 이제는 글을 읽으면 글을 쓴 작가를 상상할 수 있게 되었습니다. 글의 흐름과 맥락을 보면 비평가가 성격이 급한 사람인지 논리적인 사람인지 감성적인 사람인지 이제는 짐작할 수 있습니다. 결국 비평은 자신의 표현입니다. 그러니 비평가는 글을 쉽게 써서는 안 됩니다. 자신의 분신이기 때문에 더욱 그렇습니다. 그리고 영화를 옹호하거나 비판할 때 일관성이 있어야 합니다. 제가 가장 이해하기 어려운 비평가는 자신의 관점을 뒤집는 사람입니다. 가령 어떤 상황에서는 영화산업의 신자유주의적 사고를 옹호했다가 다른 상황에서는 규제를 주장하면 누가 그를 신뢰할 수 있겠습니까? 그런데 생각보다 이런 비평가들이 꽤 있습니다. 10년 정도의 긴 시간을 두고 보면 더욱 그러합니다. 물론 10년이라는 긴 시간 동안 사람이 변하지 말아야 한다는 것이 아닙니다. 만약 변한다면 변하는 과정에 대한 논리적 설명이 뒤따라야 할 것입니다.

　혹자들은 제 말에 이런 질문을 할 수도 있을 것 같네요. 비평이 비평가의 분신이라면 앞으로 비평을 지망하는 이들은 어떤 비평을 해야 하는가, 라고요. 그건 걱정할 필요가 없습니다. 어차피 비평에는 비평가의 성향과 성격, 취향이 드러나기 때문에 비평은 비평가를 따라갈 수밖에 없습니다. 쉬운 스타일의 글을 쓸지 어려운 스타일의 글을 쓸지도 고민할 필요가 없습니다. 다만 자신의 세계관, 인생관, 예술관과 위배되지 않는 정직한 글을 쓰라고만 하고 싶습니다. 다시 말하지만, 영화 비평은 그 글을 쓴 비평가의 자식입니다. 아니, 그 자신입니다. 그러므로 비평은 온전히 비평가 자신과 만나는 작업입니다.

나오는 글

평단의 말석에 겨우 앉아 있는, 삼류비평가인 제가 이런 책을 써도 되는지 고민했고, 글을 쓰면서 고민은 배가되었습니다. 그럼에도 끝까지 쓴 것은 저에게 이 과정이 비평에 대한 내적 탐색과 모색의 시간이 되었기 때문이고, 그것을 독자들에게 진솔하게 들려주어 함께 고민하자는 의도였습니다. 그것 말고는 다른 의도가 없습니다. 단지 소망이 있다면, 비평을 지망하는 이들에게 작은 도움이라도 되었으면 하는 바람뿐입니다.

이 책에서는 제가 왜 비평가가 되었는지 고백하면서 시작한 뒤, 비평이 해석이며 비평가 주관의 객관적인 포장이라고 설명했습니다. 비평의 방법론으로 장르론과 작가주의를 비롯한 여러 것들을 설명했고, 실제 비평 쓰는 방법으로 창의적 비평을 제시한 후 비평에 반드시 들어가야 할 것들, 그것을 실제 글 쓰는 과정에서 녹여내는 방법들에 대해 설명했습니다. 한마디로 비평에 대한 인식에서 시작해, 비평을 하는 이론적 토대를 점검한 후, 실제 비평을 어떻게 써야 하는지 방법들을 제시했습니다.

이 과정에서 제가 설명하지 않은 것이 있습니다. 이미 책에서 이야기한 것처럼 논증 과정을 생략했습니다. 논증 과정은 영화 비평만의 문제가 아니라 논설문을 비롯한 많은 글들에서 반드시 필요한 것으로서, 이미 많은 책에서 치밀한 논증 과정들을 설명하고 있기 때문에 뺐습니다. 그리고 책에서 언급하지는 않았지만, 비평의 수사에 대해서도 생략했습니다. 수사를 생략한 것은 수사가 비평의 본질이 아니라고 생각하기 때문이고, 수사가 비평만의 문제에 국한되는 것도 아니기 때문입니다. 사실 화려한 수사를 구사한 글을 보면 아름답다고 느끼기 쉽고, 그만큼 빠져들기도 쉽습니다. 그러나 화려한 수사를 구사한다고 반드시 좋은 글이 되는 것은 아닙니다. 오히려 화려한 수사가 글의 본질을 가리는 경우도 있고, 심지어 수사에 매달리느라 정작 핵심을 놓치는 경우도 허다합니다. 무엇보다 이 책의 분량으로는 간단한 소개에 그치기 때문에 생략했습니다. 수사에 관심이 있는 독자들은 시중에 출간된, 다른 글쓰기 저술을 구입해 읽으면 도움이 될 것입니다.

비평방법론에 대해 간략하게 서술한 것도 아쉬움으로 남습니다. 이 책은 비평에 대한 인식, 방법론, 실제 비평 쓰는 법 등을 고루 담은 책이다 보니 그렇게 되었습니다. 장르에 관심이 있는 분은 이 시리즈에서 출간된 장르 책을 보면 많은 것을 얻을 수 있을 것으로 압니다. 다른 부분에 대해서는 '영화이론'이라는 제목으로 다른 책이 나올 것이니, 그 책을 보면 이론적 방법론에 대해 보다 상세하게 알 수 있을 것으로 생각됩니다. 단지 이 책은 영화 비평에 대한 간략한 안내서입니다.

비평가가 비평은 하지 않고 비평에 대한 책을 쓰고 있자니 답답했는데, 이제 다시 비평 현장으로 돌아갑니다.

■ 참고문헌

<u>저서</u>

강유정, 『사랑에 빠진 영화, 영화에 빠진 사랑』, 민음사, 2011

김경욱·장병원, 『김기덕, 홍상수』, 본북스, 2015

김영진, 『이장호 VS 배창호_1980년대 한국영화의 최전선』, 한국영상자료원, 2007

남다은, 『감정과 욕망의 시간_영화를 살다』, 강, 2015

배종훈, 『내 눈 앞의 섹스 그리고 영화』, 도서출판 명경, 1997

서인숙, 『한국영화 속 탈식민주의 – 한과 신파를 말하다』, 글누림, 2012

신형철, 『정확한 사랑의 실험』, 마음산책, 2014

원용진, 『새로 쓴 대중문화의 패러다임』, 한나래, 2010

정성일 대담, 『임권택이 임권택을 말하다2』, 현실문화연구, 2003

허문영, 『세속적 영화, 세속적 비평』, 강, 2010

허문영, 『보이지 않는 영화』, 강, 2014

<u>비평</u>

강성률, 「〈왕의 남자〉 천만 흥행, 도저히 모르겠다 – 작품이 흥행을 설명해주는 것은 아니다」, 《컬처뉴스》

강성률, 「달마가 동쪽으로 간 까닭은?」, 한국영상자료원 편, 『한국영화 100선 – 〈청춘의 십자로〉에서 〈피에타〉까지』, 한국영상자료원, 2013

강성률, 「'암살', 이건 최동훈만 만들 수 있는 완벽한 대중영화다」, 《미디어오늘》 2015-08-01. http://www.mediatoday.co.kr/news/articleView.html?idxno=124325

강소원, 「[강소원의 영화와 삶] 현실의 허구성 vs 영화의 현실성」, 《부산일보》 2016-07-28(37면). http://news20.busan.com/controller/newsController.jsp?newsId=20160728000008

김정룡, 「〈영화리뷰〉 김기영 감독 회고전 〈이어도〉를 보고」, 《중앙일보》 1997-

01-29.

김형석, 「눈부신 상상력으로 질주하는 열차」, 《맥스무비》. http://news.max movie. com/122042

백은하, 「2000년에 '연기 스무살'이 될 〈복수는 나의 것〉의 배두나」, 《씨네21》 2002-01-02. http://www.cine21.com/news/view/?mag_id=6496

손희정, 「맘충의 역습 - 모성 복수극의 새로운 국면 그린 〈비밀은 없다〉」, 《씨네21》 2016-07-13. http://www.cine21.com/news/view/?mag_id=84662

송경원, 「장르로 수선된 탈출 불가능한 현실의 벽」, 유지나·이창동·전찬일 외, 『2011 '작가'가 선정한 오늘의 영화』, 도서출판 작가, 2011

전찬일, 「반 인습적 상상력과 저항의 승리자들」, 《리뷰》 3호, 1995년 여름

정성일, 「〈필름&필링〉 영화를 닮아가는 도시들」, 《중앙일보》 1997-01-25.

정성일, 「영화 비평 '황산벌'」, 《한겨레》, 2003-11-03.

황진미, 「답습과 각성, 〈크래쉬〉와 〈히든〉」, 《씨네21》 2006-04-26. http://www.cine21.com/news/view/?mag_id=38026